평택의 리더들,
詩를 품다

강주형 · 황인원 편저

차 례

신 평택으로 일으키다

12 눈·귀·입이 즐거운 도시 만들 것 강팔문
20 '계속하는 힘'으로 변화 이뤄내겠다 강범규
26 건강한 삶, 행복한 삶의 '명품도시' 돼야 박종근
34 추억과 그리움이 있는 시詩 같은 도시 원해 김기헌
40 정치, 함께 잘살고 싶어서 한다 이윤하
46 평택시 미래 성장 동력 될 것 곽정은
52 택지개발, 신新·구舊 공존 공간 만드는 수단 서영호
60 "독자문화 인정하며 화합해야" 한승도

성공으로 세우다

68 "성공은 혼자 잘나서 되는 게 아니다" 진현태
74 좋은 판단 원하면 인문학적 소양 쌓아라 이보영
80 '도전' 두려워하면 성공은 없다 김문석
86 직원 섬기는 일, 사업 성공의 핵심 이정훈
94 불편함을 해결하면 기술이 나온다 문병국
100 '함께 잘살자'는 '상생경영'이 성공 비결 김의태
106 섬김의 태도로 사람을 대하라 박종오
112 여행의 목적은 자신의 변화에 있다 지영미

創으로 빛내다

120	도전정신과 열정이 혜안을 줬다	이원헌
126	건축물은 경제활동 담는 그릇	오병석
132	행정은 시민 아픔 해결하는 게 기본	최원용
138	난관 닥치면 책에서 해답 찾는다	최종보
146	안전교육, 남 도울 조력자 양성이 목적	임근조
152	'딴짓'이 새로움을 만드는 원천이다	서지원
158	환경 보존, 자원 재생의 가치 재창출	임승규
164	"기업인, 장애인 일자리 창출 도와주길"	김현동

詩 씀으로 변하다

172   우리들의 창작시

머리말

시를 읽은 적 있는가. 고등학교 때 입시를 위해 교과서에 나온 시를 읽은 이후 한 번도 없는 사람이 많다. 하지만 이제 시는 무엇보다 필요한 창조의 도구다. 시 안에는 새로운 관점이 있고, 새로운 의미부여가 있으며, 융합과 역발상이라는 매우 중요한 창조도구가 있다.

모두가 새로움을 만들어내는 방법이다. 새로움은 저절로 오는 게 아니다. 낯선 경험에서 비롯된다. 이 책의 주인공은 평택의 리더들이다. 특히 〈씽크디퍼런트 시인의 눈〉 최고위 과정을 수료한 사람들이다. 그들의 성공은 어떻게 평택이라는 지역에서 이뤄졌을까. 그리고 그들은 무엇을 위해 지금 시를 읽고 공부하고 있는가. 이 의문의 답이 이 책 안에 있다. 모쪼록 이 책이 평택의 시민들에게 하나의 성공교과서가 되었으면 하는 바람이다.

이 책이 나오기까지 수고를 아끼지 않고 기업인들을 찾아다니며 인터뷰를 하고 글을 쓴 이보용, 구원서 두 분께 감사의 말을 전한다.

2023년 4월
주간평택 강주형, 문학경영연구원 황인원

평택도시공사 | **강팔문 대표**

눈·귀·입이 즐거운 도시 만들 것

유명인과의 만남은 가슴을 설레게 한다. 특별히 좋아하지 않더라도 신문이나 TV에서 본 사람과 마주 앉게 되면 그들이 살아온 내력에서 무언가 배움의 요소를 찾을 수 있기 때문이다. 그러나 때론 부담감을 느끼는 경우도 있다. 인터뷰를 할 때가 그렇다. 특히 인터뷰이가 정치인이나 행정 고위직일라치면 적잖은 압박감도 있다. 글 한 줄이라도 어긋나면 직접 구설과 연결되는 탓이다. 이들에게 구설은 곧 자리와 직결되니 조심할 수밖에 없다.

행정고시에 출신 건설계의 미다스 손

평택도시공사 강팔문 대표와의 만남이 그랬다. 사실, 인터뷰 일정을 잡을 때까지만 해도 딱히 신경을 쓰지 않았다. 인터뷰 전날, 사전 지식을 얻어 볼 요량으로 그에 관한 정보를 스캐닝하는 과정에서 긴장감이 훅 몰려왔다. 예사 인물이 아니었던 것이다. 그 긴장감은 그를 만난 뒤 조금씩 풀어졌다.

1979년 제22회 행정고시에 합격하며 공직 생활을 시작한 그는 현재 건설업계의 '미다스 손'으로 알려져 있다. 평택도시공사 사장으로 취임하기 전까지 건설교통부 주거복지본부장, 익산 지방국토관리청장, 국토부 국토정책국장, 건설근로자공제회 이사장,

화성도시공사 사장, 새만금개발공사 사장 등 우리나라 건설 분야의 굵직한 자리를 두루 거치며 그 실력을 인정받았다.

남다른 성과 저변에는 번뜩이는 아이디어와 강한 추진력이 자리하고 있다. 2007~08년 익산 국토관리청에 근무할 당시 고군산군도 연결도로와 같은 호남 SOC 구축에 힘써 큰 성과를 거뒀다. 또 건설근로자공제회 이사장 시절에는 투자패턴의 다양화, 투자 상품에 대한 리스크 관리 강화, 우수 투자기관과 협력체계 마련 등 합리적 투자시스템 구축은 물론 건설근로자의 취업 확대를 위한 전문 기술 교육 등 지원 프로그램도 마련해 찬사를 받았다.

만년 적자 화성도시공사 회생 마법

무엇보다 그의 능력이 절정을 보인 것은 화성에서였다. 화성도시공사는 그가 사장으로 취임할 때만 해도 만년 적자로 허덕였다. 부채비율만 308%였다. 그는 부임하자마자 장기 미분양 주택을 매각하고, 규제 완화로 장기 미분양 산단의 분양률 제고 등을 실시해 1년 만에 부채비율을 제로화했다. '강팔문의 마법경영'이라는 신화가 만들어진 것이다. 이뿐 아니다. 30여 년간 지지부진하던 새만금 사업을 공공주도로 개발하기도 했다.

그가 평택 도시공사 사장으로 부임하자 많은 사람이 평택 건설 분야를 살릴 '구원투수'가 등장했다며 반겼다. 평택은 산업단지,

관광단지, 아파트 사업 등 급격한 속도로 복합적인 사업을 수행하고 있고, 이런 일에 큰 성과를 거둘 수 있는 능력 있는 리더가 필요했다. 이 상황에서 그는 그야말로 최고, 최적의 인물이었던 것이다.

브레인시티 분양, 평택호 조성에 역점

그는 부임 후 가장 역점을 두고 추진할 사업으로 브레인시티 일반산업단지 분양과 평택호 관광단지 조성사업을 꼽았다. 146만 평에 달하는 브레인시티는 상업, 의료, 주거, 대학 등을 포함한 복합 산업단지이다. 아주대 병원과 카이스트 평택 캠퍼스가 들어오는 등 경기도 최대 규모로 꾸며질 예정이다. 그는 산업단지 내 제조물류 연구지원 용지를 적기에 공급하고 지역사회 발전에 기여할 수 있도록 체계적인 분양사업을 추진하려고 한다.

평택호 관광단지 조성사업은 평택의 40년 숙원사업이다. 이 역시 성공으로 이끌기 위해 밤낮 가리지 않고 최선의 노력을 다하고 있다.

문득 그가 평택에 온 이유가 궁금해진다. 국토부에서 30여 년간 일하며 국토, 주택, 건설, 신도시 분야에서 큰 성과를 달성하고 퇴직했기에 평택 성장을 위해서는 최고의 인물이지만, 다른 곳에서 무엇이든 할 수 있는 그가 굳이 평택을 선택한 이유는 무엇일까. 그의 대답은 간단했다. '현시점에서 현장 잠재력이 가장 큰 도시라는 판단' 때문이다.

젊은이가 마음껏 즐길 거리 조성

그의 판단처럼 사실 평택은 최근 몇 년 사이 급격한 발전을 거듭하고 있다. 대기업을 비롯해 많은 기업의 공장이 지어지고, 그에 따라 아파트가 들어섰다. 인구 또한 급격하게 늘어나고 있다. 성장 잠재력이 엄청난 도시이면서 동시에 '잠만 자는 곳'이라는 불명예도 여전히 남아있다. 그의 판단으로는 '즐거운 도시로의 완전한 탈바꿈'이 필요했다. 도시 변화라는 가치 실현은 도시 건설 전문가로 그동안 추진해온 일이었다. 그 가치 실현의 또 다른 장이 평택이라고 판단했다는 것이다.

'즐거운 도시'란 어떤 곳일까. 그는 "눈과 귀와 입이 즐거운 곳"이라고 규정하고 "그런 도시를 만들고 싶다"고 했다. 이어 "그러기 위해서는 아름다운 건축물은 물론이고 백화점과 같은 쇼핑몰을 비롯해, 미술관, 뮤지엄, 극장, 레스토랑 등 각종 편의시설이 들어서야 한다"고 설명했다. 그가 유독 욕심내는 것은 '젊은이가 마음껏 즐길 수 있는 거리를 조성해 시민의 욕구를 충족시키는 도시를 만드는 것'이다. 이런 도시로의 변화가 평택의 구체적인 청사진이다.

흔히 신화에서는 자연과 대립되는 상징적 개념으로 문화를 말한다. 도시를 건설하고, 집을 짓고 인간의 편리함을 추구하는 일은 '문화'라 할 수 있다. 문제는 문화를 추구하다 보면 자연이 훼손된다는 것이다. 역설적이게도 인간은 문화적 생활을 동경하면서도, 자연으로 회귀하려는 갈망이 있다. 문화와 자연은 대립과 공존의 관계라는 말인데, 문화적 생활을 주도하는 당사자로 이런 문제를 어떻게 해결할 수 있을까. 그의 대답은 명확했다. "문화와 자연은 공존해야 한다"고 전제한 뒤 "그러기 위해서는 자연을 보존해야 하는데 자연의 보존은 방치와는 다른 개념"이라고 지적한다. 보존에는 반드시 그만큼의 돈이 들어가야 하기에 그렇다.

시민 즐길 자연공간이 '자연 보존'

그는 "선진국에서는 이미 도시와 자연 보존을 공유하는 곳이 많다"면서 "보존에 도시 개발비보다 더 많은 비용을 투자했기에 가능한 일"이라고 말한다. "밀림 지역처럼 자연 그대로의 상태를 보존해야 하는 곳도 있지만 도시의 자연은 시민이 즐길 수 있는 자연공간으로 만드는 것이 바로 보존"이기 때문이다.

도시 건설에만 너무 치중하다 보면 시민이 즐길 수 있는 자연공간을 아예 잃어버린 경우도 많다. 평택도 예외는 아니다. 그중 하나가 해안이다. 그는 "평택은 바다가 있는 도시이면서도 해변이 사라졌다"면서 "도시가 세워지고 여러 환경이 변화되는 것도 중요하지만 자연을 활용하는 일도 동시에 이루어져야 한다"고 힘주어 말한다. 자연조건은 재생할 수가 없기 때문이다. 이런 철학이 평택 건설에 반영될 때 어느 곳보다 도시문화와 자연이 공존하는 '즐겁고 살만한 도시'가 되지 않을까. 그의 행보에 기대가 되는 까닭이다.

비티그룹 | **강범규 대표이사**

'계속하는 힘'으로 변화 이뤄내겠다

디벨로퍼는 '토지 매입, 상품 기획, 시공, 분양, 사후 관리까지 부동산 개발의 전체 과정을 총괄하는 전문가'를 말한다. 우리나라에 많은 디벨로퍼가 있지만 지속적인 성공작을 만들어내는 경우는 사실 많지 않다. 디벨로퍼의 자질에는 상상력이 있어야 하는데 그렇지 못한 사람이 많기 때문이다. 우선 시대 여건을 잘 읽을 줄 알아야 한다. 또 고객에게 필요한 지점의 토지를 관찰할 수 있어야 한다. 이게 누구에게나 보이는 게 아니다. 남들이 잘 보지 못하는 곳을 볼 수 있는 능력이 있어야 한다. 상상력이 이 능력을 만든다. 그리고 나서 가늠하기 쉽지 않은 고객의 마음에 들도록 기획하고, 남다른 기능이 포함된 설계와 시공을 한다. 이후 분양과 사후 관리가 이어진다. 상상력을 발휘해 예술품을 생산하는 과정과 같지 아니한가.

디벨로퍼는 예술적 상상력이 중요

평택에서 종합부동산 개발 그룹을 이끌고 있는 비티그룹 강범규 대표를 보면 이런 생각이 틀리지 않는다고 여겨진다. 그는 학창시절 음악을 좋아했다. 특히 노래 부르기를 좋아했는데 노래대회에서 1등을 한적이 있다. 그때의 추억으로 커서도 피아노를

취미 삼아 배우고, 보컬 연습도 계속했다. 이는 그의 내면에 예술적 감각이 살아 있음을 보여주는 증거다. 예술적 감각은 예술적 상상력의 발로다. 디벨로퍼와 예술이 전혀 다른 분야 같지만 실은 같은 바탕에서 비롯된다는 얘기다.

그의 얘기를 좀 더 풀어내 보자. 그의 삶은 도전과 응전, 변화와 적응으로 점철됐다. 하긴 어떤 인생이 이런 부침을 겪지 않았을까만 그의 삶은 유독 그러했다. 그는 고교 때까지 늘 모범생 소리를 들었다. 스트레스가 만만치 않았다. 모범생 타이틀을 유지하기 위해 시험을 잘 봐야 했고, 수험 스트레스는 남들보다 더 무거웠다. 돌파구가 필요했다.

건축시공의 맛 알게 된 군 생활

그가 선택한 돌파구는 노래 부르기, 그리고 농구였다. 그는 틈만 나면 노래를 불렀다. 스트레스가 날아가는 듯했다. 그래도 무언가 남아있는 것 같으면 친구들과 모여 농구를 했다. 몸과 정신 속에 남은 스트레스가 싹 날아갔다. 다만 이런 시간이 지속되면서 성적이 곤두박질치기 시작했다. '나도 몰라'하면서 지내던 어느 날, 그의 뇌에 '긴장'이라는 단어가 움직였다. 모범생 DNA가 꿈틀대기 시작한 것이다. 깜짝 놀란 그는 다시 책상 앞에 주저앉았다. 밥 먹는 시간 외에는 움직이지 않았다. 공부에 집중하면서 떨어졌던 성적이 다시 오르기 시작했다. 그 노력으로 원하는 대학 건축학과에 합격했다.

그의 젊음에 삶의 변곡점을 맞은 것은 바로 군입대였다. 오토바이에 매료돼 있던 그에게 아버지가 제안을 한다. '오토바이를 사서 타게 해줄 테니 장교로 군복무를 해라.' 무엇보다 매력적인 제안이었다. 어차피 다녀와야 할 군대라면 장교도 괜찮겠다 싶었다. 학사장교를 지원해 공병장교가 됐다. 근 7년의 군복무는 그에게서 건축설계를 잊게 했고, 대신 건축시공의 맛을 알게 했다. 시공은 예술의 실현 단계 중 하나다. 예술가적 기질이 있는 사람에게 귀찮은 일이 아닌 것이다. 예술가적 기질이 있는 사람이 성공하지 못하는 탓은 성실함이 부족한 경우가 상당수다. 예술적 천재성만 있고 꾸준함이 없는 것이다. 이러면 반짝이는 성공은 가능해도 오래지 않아 무너지곤 한다. 그는 그렇지 않았다. 온 몸에 성실성이 붙어 있었다. 성실은 지속하는 힘이다.

종잣돈으로 사업 시작

군 생활을 마친 후 평택으로 돌아왔을 때 그의 손에는 1억여 원의 종잣돈이 있었다. 대단한 성실함 아닌가. 그는 이 돈으로 직업학교를 운영했다. 그러다가 경매로 나온 건물을 낙찰받으면서 그의 업이 바뀌게 된다. 건물을 리모델링 해 음악학원을 차린 것이다. 자신이 숨겨놓은 예술가적 기질. 그동안 취미 삼아 해왔던 음악을 업으로 삼게 된 것이다. 취미가 업이 되자 열정이 따라왔다. 평택에서는 최초로 레코딩룸을 갖추고, 서울에서 유능한 음악인을 강사로 모셔왔다. 소문이 나자 학생이 몰려들어 금방 안정적 삶의 발판이 마련됐다.

그의 몸이 잊지 못하는 게 있었다. 군복무 때부터 생각했던 건설 사업이다. 그는 결심했고, 실행에 옮겼다. 공병장교로 복무했던 경험을 십 분 발휘해, 군에서 함께 복무한 선·후배를 불렀다. 2012년, 비티건설의 시작이었다. 물론 사업 초창기 수주가 쉽지 않아 직접 도배와 장판 시공을 하기도 했다. 어려움을 극복하기 위해서인데 성실성을 몸에 지닌 그가 못 할 이유가 없었다. 그러면서 더욱 공격적으로 영업을 했다. 창고, 공장, 병원, 상가 등의 공사 수주가 이어졌다.

재건축을 포함한 종합 디벨로퍼로 성장

점점 성과가 나타나면서 사세가 확장됐다. 지역 내 민간 수주율 1위를 기록하기도 했다. 그러면서 설계의 필요성을 느끼게 됐다. 그는 건설사를 설립한 지 1년 뒤 설계 사무실을 관계사로 만들었다. 설계와 시공이 가능한 상황이 된 것이다. 이번에는 시행이 말썽이었다. 시행사의 농간으로 손해를 보는 일이 많아진 것이다. 그는 과감하게 시행사도 설립했다. 그러자 부동산 금융에 관한 이해도 높아졌다. 이렇게 그는 설계와 시행, 시공까지 가능한 디벨로퍼가 되었다. 예술적 기질을 등에 업은 디벨로퍼는 밤하늘에

빛나는 별이다. 그는 독자 브랜드를 론칭해 온유안 1차와 2차를 순차 분양하는 데 성공했다.

하지만 그는 만족하지 않았다. 한 단계 더 도약하기 위해 모멘텀이 필요했다. 특수목적법인인 '비티승원개발지주회사'를 설립해 비티그룹으로 명명하고 평택1구역 재개발 사업인 '오동나무길 사업'에 뛰어들었다. 이곳 일대에 위치한 성매매 집결지를 탈바꿈시킨다는 게 이 사업의 핵심이다. 이는 자신이 태어나고 자란 이 도시를 변화시키는 원동력이 될 것이라는 믿음에서였다.

사실 '오동나무길 사업'은 그가 대학졸업 작품을 준비하면서 착상한 프로젝트다. 조선시대에는 딸이 태어나면 마당에 오동나무를 심어 딸이 시집갈 때 그 나무로 가구를 만들어 보냈다. 성매매가 이루어지던 음습한 장소를 이처럼 아버지와 딸의 온정이 가득한 공간으로 변모시키겠다는 게 그의 생각이다.

하지만 사업성만을 놓고 본다면 평택역 재개발 사업은 결과를 낙관하기 힘들 수도 있다. 그럼에도 '계속하는 힘'이 중요하다고 여기고 사업추진을 강행하고 있다. '계속하는 힘'은 성장 과정에서 형성된 삶의 철학이자 가치관이다. 예술적 기질에서 비롯된 상상력과 창의성만으로는 모든 것을 성공으로 이끌지는 못한다. 성실함의 상징, '계속하는 힘'이 있어야 한다. 그에게는 예술적 기질과 '계속하는 힘'이 있다. 그러니 평택 랜드마크로서의 평택역 재개발 사업은 결국 이뤄지지 않겠는가.

평택시 체육회 | **박종근 회장**

건강한 삶, 행복한 삶의 '명품 도시'돼야

'인간이 언제 지구상에 나타났으며, 그 기원은 어디서 출발하였는가.' 이 물음에 답은 아직 풀리지 않았다. 다만 인류의 진화 과정에서 인간이 추구하는 보편적 가치가 변화해 왔다는 것은 학계의 연구로 해명된 바 있다. 지혜가 있는 사람이라는 의미의 호모 사피엔스는 언어를 사용하면서 다른 종보다 우월한 존재가 될 수 있었다. 이제 인간은 의사소통의 기능을 넘어 이야기하는 존재, 호모 나랜스로 변모해 세상과 소통하고 있다.

시민의 건강과 체육인 육성 나서

아무리 인간이 지혜롭고, 이야기를 생산하고 공유하며 전파하는 능력을 갖고 있다한들 '건강함'이 뒷받침되지 않으면 삶은 무의미한 시간일 뿐이다. 그래서일까. 인간은 오랜 시간 '건강' 유지를 위해 안간힘을 써왔다. 제4차 산업혁명 기술의 발달로 로봇이 말을 하고, 인공지능이 글을 써주지만 유독 건강만큼은 스스로 몸을 움직이지 않으면 안 된다. 그러다 보니 인간의 건강 유지를 위한 많은 연구가 이뤄졌다. 과학적 연구는 물론 재미와 효율성이 더해지면서 학문으로서도 각광을 받는 분야, '체육'이 그것이다.

건강은 인간의 가장 큰 욕망 중 하나다. 체육은 그런 인간의 건강을 위해 존재한다. 보통 사람이 체육인을 바라보는 시선은 자기보다 더 건강한 사람에 대한 부러움이자 선망이라고 할 수 있다. 운동경기는 보통 사람보다 건강하고 강인한 체력을 가진 사람들이 서로 누가 앞서는지를 경쟁하는 것이다. 무작정 경쟁을 하다보면 싸움이 될 수 있으니 경기마다 일정한 룰을 만들어 그 규정 안에서 정정당당하게 경쟁하도록 한다. 경쟁에서 인간의 한계를 극복하려면 인내의 싸움이 수반된다. 선수들이 영웅 대접을 받는 이유이기도 하다. 호모 나랜스는 그것을 즐긴다. 더불어 체육은 응원과 함께 인간 화합을 추구하고, 스트레스를 해소하는 도구가 되곤 한다. 이처럼 체육은 현대인에게 매우 유용하고 필요한 분야인 것이다. 많은 지자체가 체육인을 육성하려는 까닭이기도 하다.

평택도 시민의 건강한 삶과 체육인 육성에 발 벗고 나서고 있다. 그 핵심 인물이 평택시 체육회 박종근 회장이다. 그는 지난해 민선2기 체육회장 선거에 당선되면서 평택 시민의 건강과 체육인의 발전을 위한 선봉에서 주도적 역할을 하고 있다. 사실 박 회장은 학창시절 유도를 전공한 유망주였다. 사고로 운동을 중단하기 전까지 체육인의 길을 걸어가리라 생각했다. 그 꿈을 간접적으로라도 실현하고자 체육회장으로 나서게 되었기에 자신을 내세우려는 명예욕과는 거리가 멀다.

체육회장이 된 후 체육 관련 갖가지 현안에 대해 밤을 새워 고민하고, 자신처럼 꿈을 접어야 하는 체육 유망주들을 돕기 위한 방안 마련에 온 힘을 쏟고 있다.

노인 체육 프로그램 구상 구체화

무엇보다 그가 체육회장으로서 바라는 것은 평택시민 모두가 체육을 통해 건강한 삶을 영위하는 것이다. 그가 추구하는 시민 체육 활성화 방안은 뭘까. 그는 "삶의 질이 향상되고 평균 수명이 늘어나면서 노인 인구가 증가하고 있다"면서 "노인을 위한 체육 프로그램을 개발하고 싶다"고 말했다. 특히 "치매 노인들을 위한 재활 체육이나 치료 체육, 그리고 돈이 없어 스포츠를 경험하지 못하는 시민을 위해 시와 협력해 스포츠 센터와 연계하는 일도 생각하고 있다"고 한다. 건강 복지는 '치료'와 '예방'이 함께 보장되어야 가능하다. 병원이 치료를 책임지는 영역이라면, 체육은 건강을 유지하는 예방의 영역이다. 사람들에게 체육이 존재해야 하는 이유다.

이런 추진력은 그의 사업가 기질에서 나온 것이라고 할 수 있다. 그는 체육회장이지만 성공한 사업가이기도 하다. 박 회장의 본업은 전국적으로도 잘 알려진 녹돈영농조합의 대표다. 그가 사업에 성공할 수 있었던 건 추진력과 성실성, 그리고 책임감이다.

강원도 홍천이 고향인 그는 서울과 인천에서 주물 사업을 하다 실패를 맛보았다. 말 그대로 땟거리도 없던 시절, 마지막 희망의 도시로 찾아온 곳이 평택이다. 그는 이곳에서 죽을힘을 다해 일했다. 남들이 꺼려하는 직업도 마다하지 않았다. 남보다 한발 앞서 성심성의를 다했지만 낯선 곳에서의 힘듦은 이루 말할 수 없었다. 견딜 수 없을 만큼 힘든 시련을 아내와 아이들의 응원으로 간신히 버티고 있을 즈음 우연히 축산업과 인연을 맺게 되었다. 처음에는 가축의 사료포대를 배달하는 일을 했다. 얼마 지나지 않아 성실성이 눈에 띄자 영업 일로 이어졌다. 영업은 그의 사업수완에 날개를 달고 빛을 발하게 했다. 지금의 녹돈영농조합이 세워진 기초다. 작은 일부터 하다가 모든 분야를 섭렵 후 회사를 창업한다는 것은 보통의 추진력으로는 불가능하다. 여기에 그는 성실함으로 무장되어 있었다.

무항생제 사료·돈육, G마크 획득

그는 회사를 창업한 순간부터 지금까지 자신의 손길이 닿지 않는 분야가 없다고 자부한다. 그는 '그래야만 했다'고 회상한다. 먹거리 회사이기에 꼼꼼함과 성실함 위에 정직함까지 있어야 했다. 직원들이 정말 성실히 일했지만 자신이 직접 보지 않으면 불안했다. 혹여라도 나올 실수 때문이었다. 내 아이, 내 손주의 먹거리를 마련한다는 마음 자세로 한 치의 오차나 실수도 허용하지 않는 그는 결국 사료, 축산, 도축, 가공, 판매에 이르기까지 전 과정을 원시스템으로 구축하기에 이른다. 이 시스템은 모든 과정을 한눈에 볼 수 있게 했다. 성실함과 꼼꼼함, 그리고 책임감의 극치다.

박 대표는 새로운 시스템의 적용으로 '무항생제 사료'와 '무항생제 돈육'인 친환경 제품을 생산한다. 덕분에 경기도에서 품질을 인증하는 G마크를 획득했고, 학교 급식 재료로도 납품하기에 이르렀다. "누구의 입에 들어갈지 모르니 먹거리는 무조건 깨끗하고 정직해야 한다"는 그의 경영철학. 소박하지만 진솔한 이 경영철학이 지금의 녹돈영농조합을 만들었다.

"나를 받아준 평택, 이제는 빚 갚겠다"

사실 그가 하는 일은 사업과 체육회 일만이 아니다. 지역에서 펼치고 있는 보이지 않는 봉사활동도 빼놓을 수 없는 그의 행적이다. 그는 "평택은 힘들고 어려울 때 나를 받아 준 마음의 고향 같은 곳"이라면서 "이곳에서 나름 살만해졌으니 이제 평택 시민에게 돌려주어야 한다"고 말한다. 로타리클럽, 적십자 등에서의 봉사활동은 물론, 개인적인 기부나 일손 나누기에도 누구보다 앞장선다. 아무리 노력한들, 아무리 잘났다 한들 혼자서는 결코 살 수 없다는 것을 잘 알기 때문이다.

많은 사람이 그에게 기대를 한다. 먹거리와 체육의 공통분모가 '건강'인데다 성실함, 꼼꼼함, 책임감, 정직함 등 그의 기질이 두 분야에서 반드시 필요한 공통분모이기 때문이다. 사업에 성공했으니 이제 그가 추진하는 평택 시민의 건강과 체육인 육성 발전이 성공할 때이다. 박종근 대표에 박수를 건네며 대한민국 최고의 건강도시 평택을 꿈꿔본다.

(주)화담건설 | **김기헌 대표**

추억과 그리움 있는 시詩 같은 도시 원해

감히 말하건대, 21세기 건설사들의 마음을 사로잡는 도시를 꼽자면 단연 평택일 것이다. 도시의 생성과 성장은 '인구 유입에 비례한다'는 말처럼 최근 평택의 인구는 급격히 증가했다. 어디, 인구뿐인가. 크고 작은 기업이 속속히 자리를 잡은 탓에 경제도시라는 타이틀까지 거머쥔 곳이다.

너나 할 것 없이 몰려드는 사람만큼 곳곳에 들어서는 건물과 더불어 바빠진 건설사들. 지금 평택의 한 단면이다. 평택 건설에 나선 주역들 중 유독 주목받는 건설사가 있다. ㈜화담건설이다.

남보다 한 시간 이른 기상, 늦은 취침

㈜화담건설 김기헌 대표는 고향이 평택이다. 군 제대 후 서울에서 직장생활을 하다 실내건축 사업을 시작했다. 그에게 타고난 감각과 노력이라는 무기가 있긴 했지만 어린 나이와 짧은 사회 경험은 사업의 큰 핸디캡으로 작용했다. 결국 사업을 정리하게 됐다. 그렇다고 남은 게 전혀 없지는 않았다. 사업을 어떻게 해야 하는지 그 방법을 맛본 것으로도 그에겐 커다란 배움이었다. 그는 2011년 평택으로 내려왔다. 아픔과 실망과 절망을 고향만큼 품어주는 곳도 없지 않은가. 평택에서 그는 시설 관리 유지를 하

는 업체 (주)WD산업을 창업했다.

타지에서 사업을 했을 때와 달리 고향에서의 사업은 지역에 대한 이해와 안목이 장점으로 작용했다. 여기에 선·후배들의 조언과 위로도 도움이 되었다. 물론 지연이나 학연을 앞세워 특혜를 받으려 한 적은 없다. 그것은 자신을 믿어준 주변 사람들에게 폐를 끼치는 일이라고 생각했기에 깔끔한 성격의 그는 조심하고, 또 조심했다. 대신 더욱 부지런히 뛰었다. 남들보다 한 시간 먼저 일어나고, 남들보다 한 시간 늦게 자겠다는 마음으로 성실히 일했다.

무엇보다 어느 것 하나 허투루 넘기는 법이 없는 깐깐하고 꼼꼼한 그의 성격이 시설 관리 유지 일에 적합했다. 자연히 여러 고객사로부터 능력을 인정받게 되었고, 사업은 조금씩 성장하게 됐다. 급기야 2018년 종합건설사인 (주)화담건설로 법인등록을 하며 날개를 달게 된다.

깐깐함과 꼼꼼함의 올곧은 실현

화담건설에서도 그의 성격은 공사현장마다 그대로 반영돼 주변의 신뢰 쌓기에 충분조건이 되었다. 여기에 기술력까지 인정받으면서 명실공히 지역의 대표 건설사로 우뚝 서게 됐다.

덕분에 건축은 물론, 토목과 조경까지 아우르며 평택 곳곳에서 활약하고 있다. 이런 활약은 대학시절부터 실패한 첫 사업에 이르기까지 여러 현장 공사 경험에서 비롯된 것이다. 현장 경험이 밑거름으로 작용해 교육시설, 관공서, 상업시설, 오피스 등 건축 분야 곳곳에서 고객이 원하는 완벽한 시공을 할 수 있는 재료가 되었다.

화담건설은 고객의 신뢰를 최고의 가치로 삼는다. 건설업은 고객과 건설사의 신뢰가 바탕이 되지 않으면 최상의 건축물을 생산해낼 수 없다는 그의 경영철학에서 비롯됐다. 그는 이런 가치를 실현하기 위해 '늘 기본에 충실해야 한다'는 진리를 가슴에 품고 산다. 그러면서 '사람이 없는 건축물이 있을 수 있는가' '사람이 없는 곳에 조경이 설치될 필요가 있는가'를 질문한다. 그러면 '고객이 미래다'라는 답이 돌아온다. "사업은 개인의 이익이 우선돼야 하는 일이지만 고객이 없는 성공은 결코 있을 수 없기 때문"이다. 물론 많은 회사에서 앞세우는 슬로건이 '고객 만족'이다. 하지만 그가 말하는 '고객이 미래'나 '고객 만족'은 기본에 충실한 깐깐함과 꼼꼼함의 올곧은 실현이라는 점에서 남다르다.

건축물에 소통의 기능 담아

그는 어떤 인생철학으로 사업을 운영하며 삶을 영위하고 있을까. 그는 "철학이라고 할 것까지는 없지만 힘겹게 견뎌왔던 시간과 경험을 잊지 않는 것"이라고 답한다. 말하자면 "삶과 사업 운영의 바탕이 되어야 한다"는 것이다. "그런 시간과 경험을 바탕으로 다른 사람과 소통했을 때 믿음과 신뢰를 쌓을 수 있기 때문"이 란다. 그러면서 만약 '어려운 시절을 잊고 방종했을 때 주변 사람과 소통은 불가능하다'며 "불통 속에서는 믿음과 신뢰가 나올 수 없다"는 점을 유독 강조한다.

이런 철학은 그가 하는 작업에도 그대로 드러난다. 그가 짓는 건축물은 가족 간의 소통, 동료 간의 소통, 이웃 간의 소통이 자연스럽게 이뤄지도록 하는 게 최고의 목표이다. 고객이 믿는 탄탄함에 소통의 원활한 기능성까지도 감안한 건축물은 그야말로 '예술'이다. 덕분에 그는 성공한 건설업자가 됐다.

고객 관점에서 바라보는 안목 배워

'성공'이라는 단어를 듣자 그의 입가에 엷은 미소가 드리우다 이내 사라진다. "아직 성공한 사업가"가 아니기 때문이고 "앞으로 더 많은 일을 해야 하기에" 그렇단다. 그는 "평택에 자신의 손으로 지은 건축물이 하나, 둘 늘어날 때 누구보다 큰 기쁨을 느낀다"며 "그나마 지금까지는 여러 선·후배와 동료의 응원과 도움이 있었기에 가능했다"는 말로 감사의 마음을 전하는 겸손을 보였다. 앞서 언급한 대로 지연이나 학연을 앞세워 특혜를 받은 적이 없었음에도 지금까지의 성과가 '응원'과 '도움'이었다며 주변에 공을 돌리는 모습은 그의 인간됨을 보여주는 대목이라고 할 것이다.

그가 늘 가슴에 담아두는 게 있다. 정책이나 경기 흐름에 민감한 업종인 건설업은 코로나19를 시작으로 크고 작은 악재를 겪으면서 버티기 힘들 정도로 어렵다. 그는 "인생은 좋을 때와 나쁠 때가 곡선을 이루듯 사업도 그러하다"면서 "어려울 때가 있으면 좋을 때가 있다"고 말한다. 이어 "어려울 때는 주변의 응원이 큰 힘이 되긴하지만 언제까지나 그럴 수 없으니 스스로 알아서 버티고 스스로 알아서 일어나야 한다"며 "어려울 때는 좋을 때를, 좋을 때는 어려울 때를 미리 대비하는 게 중요하다"고 말했다.

〈Think Different 시인의 눈〉 최고위 과정을 수강한 이유도 여기에 있다고 한다. 그는 "이 강좌를 듣는 까닭도 '대비' 차원이 크다"면서 "고객은 물론, 직원의 관점에서 바라보는 안목을 기를 수 있었다"며 웃음을 보인다.

그는 "이 강좌를 들으면서 떠오른 게 있다"고 조심스레 말을 이었다. "시는 누군가에게 그리움과 추억의 대상이라는 것을 알게 됐다"면서 "평택도 그리움과 추억이 담긴 시 같은 도시가 되었으면 좋겠다"고 말했다. 그런 도시를 만드는데 작은 힘이라도 보탬이 되고 싶다는 그의 꿈이 시처럼 아름답다.

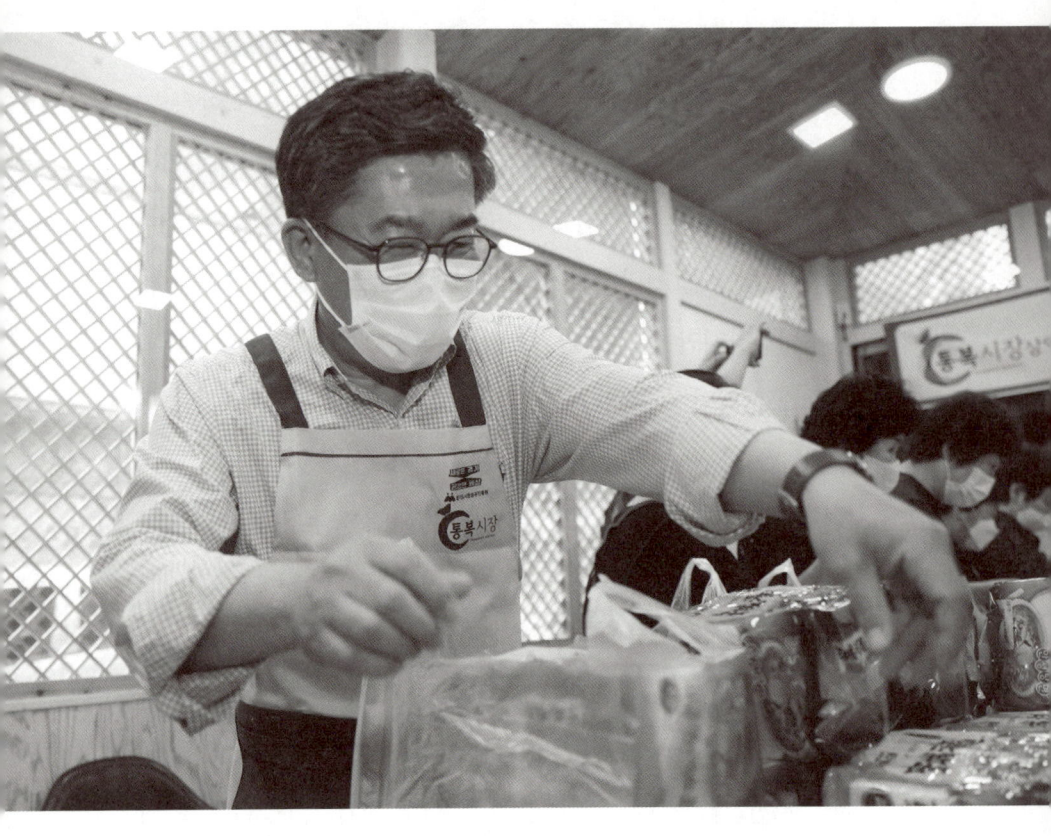

평택시의회 | 이윤하 의원

정치, 함께 잘살고 싶어서 한다

질문 하나. 다음 지문을 읽고 답을 찾아보자.

'나라를 다스리는 일. 국가의 권력을 획득하고 유지하며 행사하는 활동으로, 국민들이 인간다운 삶을 영위하게 하고 상호 간의 이해를 조정하며, 사회 질서를 바로잡는 따위의 역할을 한다.' 답은 무엇일까. '정치'다. 위 지문은 표준국어대사전에 나오는 정치라는 단어의 뜻풀이다. 그러나 이대로 정치를 하는 사람이 몇 명이나 될까. 우리는 이구동성으로 '국민들이 인간다운 삶을 영위하게 하고 상호 간의 이해를 조정하며, 사회 질서를 바로잡는 따위의 역할'을 하는 정치인이 없다고 말한다. 오히려 국민의 갈등을 조장해 질서를 무너뜨리고 전혀 인간답지 않은 삶을 살게 한다고 강변한다. 때문에 많은 사람이 정치인을 가장 싫어하는 부류로 꼽기도 한다. 반면, 우리는 정치다운 정치를 하는 사람을 보고 싶어 한다. 이름하여 '아름다운 정치인', '진정으로 국민을 생각하는 정치인'이다. 어려운 이웃을 돌보고, 그들이 필요한 것을 먼저 알아 제도를 마련하고, 잘 실행됐는지 검증하는 정치인, 이들은 봉사정신으로 자신을 무장하고 국민을 섬긴다. 이윤하 시의회 의원, 그도 평택이 꼽는 '아름다운 정치인'이다.

평택시의회 2선의원인 그는 평택에서도 꽤나 잘나가는 정치인이자 성공한 사업가이다. 학업을 위해 평택을 떠난 것 외에는 줄곧 '평택 사람'으로 살아왔다. 그만큼 평택에 대한 염려가 각별하다. 더욱이 실향민인 그의 부친이 평택에 터를 잡은 후 '온 힘'을 다해 자식을 키워낸 곳이기에 평택의 의미가 남다르다. 그는 아버지 얘기를 하면서 눈시울이 붉어지곤 했는데, 그 이유가 말이 '온 힘'이지 그 고생은 말로 다 하지 못할 고통임을 알기 때문이다. 강한 근성과 근면, 절약하는 정신으로 죽을힘을 다해 버텼을 것이다. 그래서 그는 아버지란 단어만 나와도 고마움의 눈물이 흐른다.

아버지의 유산, 강한 근성과 근면 · 성실

숱한 고생에도 부친은 '평택이 우리를 살렸다'며 줄곧 평택을 위한 봉사를 해왔다. 로타리클럽에 가입해 틈나는 대로 이웃을 도왔다. 이를 정신적 유산으로 물려받은 그 역시 평택을 고향 이상의 의미로 생각하는 것은 당연한 일이다.

그가 처음 성공의 기쁨을 맛본 것은 30여 년 전. 아버지에게 1억 원을 빌려 무작정 사업을 시작한 때이다. 첫 사업이기에 실패할 가능성이 80% 이상이었다. 솔직히 어려움도 많았다. 그러나 그에게는 아버지로부터 물려받은 유산이 있었다. '강한 근성과 근면, 절약'이라는 정신적 유산이다. 물론 이런 유산을 받고도 힘든 게 세상일이다. 그래서 운도 따라야 한다. 하지만 세상은 '돕는자를 돕는다'고 노력하지 않는 사람에게 성공이라는 보상을 주지는 않는다. 그는 아버지의 정신적 유산에 힘입어 최선을 다했고, 3년 만에 아버지에게 빌린 빚을 갚았다. 그리고는 마침내 사업을 성공시켰다.

소상공인·자영업자 삶에 특히 관심

그가 성공가도를 달리고 있을 때 어느 날 문득 머리에 스치는 생각이 있었다. '더 많은 사람이 함께 잘살았으면 좋겠다'였다. 이런 생각을 한 까닭 역시 부친의 영향이다. 부친은 봉사단체인 국제로타리클럽, 동평택로터리클럽 회장까지 역임한 봉사의 대부였다. 그는 부친의 영향으로 대학 1학년 때인 지난 84년 평택로타랙트 클럽에 들어가 봉사를 시작했다. 2012년 7월에는 평택로터리클럽 회장에 취임하며 세계적 봉사단체의 대를 이은 부자 회장으로 화제가 되곤 했다.

이런 봉사 정신이 그에게 '더 많은 사람이 잘살았으면 좋겠다'는 남다른 생각을 만들었던 것이다. 이 생각을 실현하기 위해 그가 뛰어든 분야가 바로 정치다. 정치인이 정치하는 목적을 이처럼 진실하고 명료하게 말하는 경우가 있을까.

경영학을 전공한 그가 특히 소상공인, 자영업자들의 삶에 관심이 많은 이유도 여기에 있다. 덕분에 소상공인 상생발전 특별위원회를 구성해 활동하기도 했다. 코로나19 재난 상황에서는 소상공인과 자영업자의 매출 감소에 따른 도산, 자진폐업, 휴업 등 심각한 피해 상황을 간담회를 통해 청취하고 추경예산에 소상공인 특별경영자금 182억 원을 반영하여 소상공인 지원책 마련에 일익을 담당하기도 했다.

아이들의 행복한 미소 있게 해야

더불어 시의 예산 낭비 등을 꼼꼼히 짚어가며 함부로 세금이 낭비되지 않도록 의회 의원의 역할을 충실히 실현했다. 그 결과 지난해 시민으로 구성된 평택시 시민의회 모니터링단으로부터 '2022년 평택시의회 행정감사 우수의원'으로 선정되기도 했다.

그는 앞으로도 사회적 취약계층과 서민경제 활성화를 위한 대책 마련만큼은 한 발짝도 물러서지 않을 생각이다. 자신이 물러서는 순간, 그들의 삶이 더 힘들어질 것을 알기 때문이다.

그가 꿈꾸는 평택의 모습은 어떨까. 이 질문에 그는 자신이 평택이 되어 그 마음을 답했다. "아이들의 밝은 미소를 보고 싶어요." 평택은 지금 심한 몸살을 앓고 있다. 도시화란 명분 속에 온몸이 파헤쳐지고 날마다 낯선 변화 속에 놓여 있다. 공장이 들어서고, 아파트가 세워지고, 도로가 넓혀지지만 천진한 아이들 웃음소리가 사라진 지 오래다. 아이들의 웃음소리가 그립다. 그런 평택을 만들기 위해 오늘도 이 의원은 온 힘을 다해 평택의 마음을 읽어내려 노력한다. 봉사의 차원을 넘어 함께 잘사는 행복한 도시 평택, 아버지의 땀이 밴 고향 평택에 아이들의 해맑은 웃음소리가 울려 퍼질 그날이 사무치게 그립다.

경기평택항만공사 | 곽정은 경영기획팀장

평택시 미래 성장의 동력될 것

경기평택항만공사는 경기도와 평택시에서 설립한 공기업이다. 평택항을 중심으로 부두 및 배후단지 건설, 물류단지 조성의 항만 인프라 구축 업무를 한다. 평택항 활성화를 위한 청년 교육, 홍보마케팅 등도 이곳에서 이뤄진다. 항만이 있는 평택으로서는 지역발전을 위해 매우 중요한 역할을 하는 기관이라고 할 수 있다.

공사의 활성화는 곧 지역발전과 밀접한 연관이 있다. 때문에 경영혁신 활동, 조직 활성화를 위한 조직 문화 관리가 매우 중요하다. 또 지속 성장을 위한 중장기 사업전략을 수립하고 관리하는 일, 회사 비전 및 미션 달성을 위한 경영방침 수립 등에 조금의 허점도 있어서는 안 된다. 어쩌면 회사의 생명줄을 쥐고 있다고 할 것이다. 이런 일을 우리는 경영기획이라고 말한다.

평택항 주변 활성화의 전초기지

경기평택항만공사 경영기획팀의 수장인 곽정은 팀장. 그는 어느 누구보다 자신이 하는 업무의 중요성을 알기에 늘 긴장감을 유지하며 산다. 바다와 관련된 업무를 하고 있지만 원래 그는 대학에서 우주공학을 전공한 공학도였다. 우주공학은 인공위성이나 로켓처럼 우주공간을 비행하는 물체를 만들고 운영하는 기술이나 이론을 연구한다. 말하자면 하늘보다 더 높은 우주가 그의 학문적 공간이었다면, 지금은 이와 정반대의 바다가 그의 삶의 공간인 셈이다.

우주와 바다, 이 두 공간은 인간에게 아직은 '미개척지'라는 유사점이 있다. 그러니 미개척지인 우주를 향했던 그의 열정이 지금은 역시 미개척지인 바다를 향해 있는 게 아닐까. 뿐만 아니라 이 두 공간은 인간의 생활과 밀접하게 연관돼 있다는 유사점도 있다. 때문에 두 곳 모두 '사람에게 도움이 되는 공간으로 전환'이라는 숙제로 귀결된다. 그가 20년 넘게 경기평택항만공사에 근무하면서 접해온 경영기획의 과제와도 같다.

국제적 항만으로 발도듬하는 '평택항'

공간 전환은 어느 날 갑자기 뚝딱 이뤄지는 게 아니다. 오랜 시간이 필요하다. 그러다 보니 겉으로 보는 경기평택항만공사는 평온해 보인다. 하지만 그가 말하는 이곳의 모습은 "오리가 한가롭게 물 위에 떠 있는 것으로 보이지만 물 밑에 발을 끊임없이 움직여서 헤엄을 치고 있는 것"과 같단다. 이어, "겉으로 크게 드러나지 않지만, 공사에서 수행하고 있는 사업이 많아 모든 사업부서가 매우 바쁘게 움직이고 있다"고 말한다. 밖에서는 보이지 않는 직원들의 끊임없는 물장구질로 평택항 발전이 추진력을 얻고 있다는 것이다.

실제 평택항은 경기평택항만공사가 설립되면서 발전을 거듭했다.

2001년에 국제 여객터미널이 준공돼 국제 카페리 여객선이 취항을 시작했고, 2008년에는 미주 동부항로와 유럽항로 취항도 이뤄졌다.

또 2012년 기준으로 부산, 울산, 광양, 인천에 이어 5번째로 총 화물 처리량 1억 톤을 돌파했다. 국제적인 항만으로 발돋움한 것이다. 짧은 기간임에도 평택항이 이처럼 비약적인 성장을 할 수 있었던 까닭은 항만공사가 있어서였다.

여기에는 정부와 경기도·평택시, 그리고 항만단체의 적극적인 협조와 노력이 성장의 큰 역할을 했다. 공사는 이들 연관 기관의 매개적 윤활유 역할을 하면서 소통하고, 목표를 향한 길잡이와 길 닦기에 엄청난 노력을 기울였다. 이것이 성과로 이어져 지금의 결과를 만들 수 있었다.

평택항 활성화는 단순히 평택항만의 문제가 아니다. 그가 말하듯 "지역발전을 견인하는 매우 중요하고도 큰 역할을 하는 것"이다.

구성원, 한 방향 보게 하는 리더십 필요

그는 지금까지 어떻게 일해 왔는지 복기하기도 힘들만큼 앞만 보고 달려왔다. 그럼에도 "경기평택항만공사가 평택을 위해 앞으로 어떤 역할을 해야 할지에 대해 고민하느라 뒤돌아볼 겨를이 없다"고 말한다. 그동안 경기평택항만공사의 노력으로 많은 변화가 있었지만, 앞으로 해야 할 일이 더 많다고 생각하기 때문이다. 그러면서 "평택시민은 물론 경기도민, 나아가 국민이 경기평택항만공사의 역할을 체감할 수 있도록 다방면의 노력을 계속해 나가겠다"고 다짐했다.

이런 다짐 때문인지 모른다. 그에게는 최근 고민이 생겼다. 경기평택항만공사가 좀 더 평택시와 국가에 큰 역할을 하기 위해서는 조직을 체계적으로 운영해야 하는데, 팀장으로서 조직 운영에 '어떤 역할을 할 수 있느냐'가 문제로 떠오른 것이다. 그는 "일만 보고 앞으로 달려갈 때는 괜찮은데, 문득 뒤돌아보면 동료와 함께 가고 있는지 의문이 들 때가 많다"고 한다. 이런 의문은 '조직간 소통 문제'에 관심을 갖게 하는 계기가 됐다. 최근에는 관련 서적도 읽으며 해결의 실마리를 찾으려는 노력을 한단다.

사업부서에 눈독, 할 일 많기 때문

작은 조직에서야 목표만을 쫓아도 성과에 이를 수 있다. 조직이 커지면 그렇지 않다. 구성원 모두가 한 방향을 바라볼 수 있도록 하는 리더십이 무엇보다 중요하다. 리더십은 강압적 지시에서는 나오지 않는다. 그는 그래서 "요즘 하향식 의사결정을 지양하려고 노력하고 있다"고 한다. 그것이 "구성원에게 효과적인 업무처리에 관한 고민의 기회도 주고, 팀워크를 다질 수 있는 계기도 될 수 있기 때문"이라고 말했다.

그의 바람은 '사업부서에서 일하고 싶다'는 것이다. 경영기획통인 그가 현장성이 강한 사업부서를 거론하는 까닭은 사업부서에 일이 많기 때문이다. 그는 "항만 공사에 당면한 현안이 많다"면서 "평택항 활성화를 위한 인프라 구축은 물론이고, 포트 세일즈 마케팅도 지속하면서 새로운 사업을 진행해야 한다"고 했다. 이뿐 아니라 "지속적인 항만선석 개발과 항만 배후단지 개발을 통해 종합항만클러스터 조성에도 성과를 내야하고 항만배후단지 개발을 적기에 시행해 항만 주변지역을 복합기능을 갖춘 도심공간으로 개발해야 하는 숙제"도 남아 있다. 또 "시민을 위한 해양레저산업을 육성하는 것도 서둘렀으면 하는 바람"이다. 이처럼 산적한 일들을 효과적으로 추진할 수 있도록 "인허가 권한을 확보하는 것도 시급히 해결해야 하는 과제"라고 말한다.

그는 경기평택항만공사에서 추진하는 사업과 관련한 이야기를 하면서 목소리가 유독 커졌다. 그만큼 열정적으로 들렸다. 경기평택항만공사가 동북아 물류거점으로 자리를 확고히 하면, 지역의 성장과 발전을 이끄는 미래성장 동력으로 우뚝 설 수 있다. 이렇게 되면 지역민의 삶의 질은 더욱 좋아지게 될 것이다. 경기평택항만공사 곽정은 경영기획팀장, 그의 열정과 구성원의 노력이 평택시민의 행복한 삶을 앞당기게 되리라 기대한다.

중흥토건 | 서영호 상무이사

택지 개발, 신新·구舊 공존 공간 만드는 수단

평택에는 브레인시티 개발 사업이 뜨거운 감자다. 평택시 도일동과 장안동 일대의 146만 평 부지에 산업, 연구, 의료, 주거시설이 복합된 산업단지를 조성하는 사업이다. 완성되면 한국형 실리콘밸리가 될 수 있다. 평택을 넘어 국가의 미래 성장 동력산업의 생산거점 역할을 수행할 수 있어서다.

이 사업의 핵심 회사가 중흥토건이다. 브레인시티 개발사업의 부지조성사업을 총괄한다. 특히 현장 총괄자는 매우 중요한 사람이다. 이 사업의 기반 시설 품질을 책임지기에 그렇다. 그가 바로 중흥토건의 서영호 상무이사다. 그의 업무는 "현장소장으로 현장 시공에 관한 사항은 물론 품질과 안전에 이르는 포괄적 관리를 하는 것"이다.

한 지역이 개발 사업을 할 경우 시민이 가장 잘 알 수 있는 변화는 개발 지역에 울타리가 쳐진다는 점이다. 그 벽에 'OO 개발 사업'이라는 팻말도 붙는다. 이 때문에 개발에 들어섰다는 사실을 누구나 쉽게 감지할 수 있다. 물론 행정절차가 얼마나 어떻게 진행되고 있느냐는 별개다.

브레인시티 개발사업도 마찬가지다. 이미 넓은 벌판에 울타리가 둘러쳐지고 '브레인시티 개발사업'이라고 팻말이 여기저기 붙었다. 그는 "워낙 규모가 큰 현장이다 보니 공구별로 나누어 여러 협력사가 들어와 공사를 진행하고 있다"면서 "실제 부지조성 사업은 상당 부분 진행됐다"고 말한다. "산업시설 용지 공급도 순조롭게 진행 중"이라는 것이다.

도시 백년대계 책임져야 '잘 된 개발'

그는 무작정 서둘러 개발 사업을 진행하는 것을 원치 않는다. "도시의 장기적인 쓰임을 염두에 두고 개발 사업을 완수하는 것이 목표"이기에 그렇다. 부지조성이 마무리되더라도 브레인시티가 도시로서 정상적인 기능을 하려면 5년에서 10년 정도가 소요된다고 한다. 이 사업이 완성되려면 아직 시간이 많이 남았으니 백년대계를 생각해야 한다는 말이다. 그가 "오래도록 '잘 된 개발'이라는 말을 들을 수 있도록 최선을 다해 노력할 것"이라고 다짐하는 이유도 여기에 있다.

그는 대학에서 토목을 전공했다. 졸업 후 줄곧 토목건설현장을 지켰다. 그게 30년 세월이다. "지금은 토목쟁이를 천직으로 여기지만, 학부 때만해도 토목이 무슨 일을 하는지도 몰랐다"고 한다. 그래서 대학에 막 진학해서는 많이 힘들었다. 기초 지식은 하나도 없는데 공고출신 동기들은 이미 기술적이고, 기능적인 부분을 이미 알고 온 터였다. 그러니 뒤처질 수밖에 없다. 출발선이 다른 게임에서 이기기는 힘들었다. "전공 선택을 후회할 만큼 힘들기

짝이 없었다"는 그의 말에 고개가 끄덕여졌다.

그래도 악착같이 했다. 덕분일까. 실무에서는 달랐다. "막상 토목회사에 취업을 하고나서 도로공사 현장에서 일을 배우고 수습하느라 정신이 없었지만 '토목'이 적성에 맞네"하는 깨달음을 얻게 됐다. "사람 만나기를 좋아하고, 한 가지 일을 끈덕지게 물고 늘어지는 성향이 현업에서는 빛을 발한 요인인 것 같다"고 이유를 설명했다.

공급자 위주 사업 추진 벗어나야

특히 현장 공사가 마무리되고 준공을 맞게 되었을 때의 성취감은 지금의 그를 있게 한 원동력이다. 그는 "가끔 힘들었던 현장을 다시 찾을 때가 있는데, 그때마다 준공 표지석 뒤로 우뚝 솟은 건축물의 모습에서 말할 수 없는 기쁨을 느낀다"고 말한다.

거대한 교량과 도로 건설로 공간의 경계를 허물고, 누군가에게 새로운 삶의 터전이 될 신도시의 기반을 다지는 일에는 풀어야 할 숙제도 많다. 그는 "토목업계도 변해야 한다"고 생각한다면서 "정부와 민간에서 추진하는 사업이 모두 틀에 박혀있다"고 지적한다. 그러다 보니 30년 전이나 지금이나 크게 달라진 게 없다. 모두 공급자 위주의 사고로 사업을 추진한다. 수요자가 안중에 없으니 대다수의 택지개발 현장이 늘 공통의 문제점을 안고 있다. 이곳에 왜 택지를 개발하는지 그 이유에 아무도 관심 갖지 않는

희한한 상황이 벌어지게 되는 것이다.

그는 "개발의 중심에는 사람이 있어야 한다"고 강조한다. "사람에 대한 배려를 우선하지 않고 겉만 번지르르하게 상가 넣고 아파트 넣고 각종 시설을 구겨 넣는 것"은 개선되어야 한다는 것이다. 그는 이어 "그러면 그런 도시개발이 성공적이라고 평가받느냐, 그건 또 아니다"고 하면서 "대규모 사업일수록 안정성이 담보되어야 하다 보니 새로운 시도에 인색할 수는 있지만, 수요자의 요구와 필요를 외면한 채 단순한 돈벌이 수단으로 개발 사업을 진행하는 것은 지양해야 한다"고 일침을 놓는다.

개발 중심에 사람이 있어야

그는 "택지개발이 궁극에는 공존의 공간을 만드는 수단이 되어야 한다"고 말한다. 신도시가 생기면 으레 구도심의 상권이 옮겨와서 구도심 공동화 현상을 유발하고, 신도시는 교통체증과 주차난으로 골머리를 앓는 일이 반복된다. 이런 문제만 있는 게 아니다. 신도시가 들어서면 사람들 간의 교류가 줄어드는 현상이 나타난다. 인간미 하나 없이 삭막하고, 감정의 공유도 어려워지는 공간이 되는 것이다.

사람을 중심에 두지 않고 다른 곳의 신도시와 유사한 성격의 공간을 하나 더 만들겠다는 접근법으로 개발을 하기 때문이다. 그는 "구도심의 역할과 기능을 존중하면서 신도시와 공존할 수 있는 방안을 복합적으로 고민하면 대안이 마련될 수 있을 것"이라고 말한다.

내 직업은 "지구를 조각하는 조각가"

평택도 그야말로 '천지가 개벽하고 있다'할 정도로 하루가 다르게 새로운 개발이슈가 생겨나고 있다. 좋은 현상이라고 할 수 있지만, 장기적인 안목 없이 근시안적인 개발에 몰두하다 보면 자칫 난개발 문제를 불러올 수 있다. 그는 "소사벌과 고덕신도시만 해도 그런 우려의 목소리가 있는 걸로 안다"면서 "구도심의 공동화 현상을 걱정하는 목소리도 들리는데 자치정부나 중앙정부 차원에서 개발 사업을 계획적으로 진행할 필요가 있다"고 말한다. 무한한 가능성을 가진 평택시가 조금 더 장기적인 플랜으로 도시를 만들어 가면, 더욱 각광받는 도시가 될 것이라는 말이다. 그는 "서울 둔촌동 역주변 개발 사업을 참고해 볼만하다"며 추천한다. 소규모로 진행하더라도 여러 회사 컨소시엄으로 도심지 전체에 택지 개발 효과가 미칠 수 있게 추진할 필요가 있어서다.

그는 요즘 자신의 직업을 '지구를 조각하는 조각가'라고 재정의하고 있다. 자신이 하는 일에 새로운 의미를 부여하고 재정의한다는 것은 이미 그의 삶이 일반 토목인의 삶과는 다르다는 것을 말해준다. 토목인이 건설 관련 직업인이라면 지구를 조각하는 조각가는 인간을 위한 예술인이기 때문이다. 업이 추구하는 목적이

다르다. 그만큼 자신의 일 하나하나에 영혼까지 쏟아내고 있다. 자신의 모든 것을 사람을 위해 다 내주고 얻어진 성과는 어떠할까. 예술가적 성취감과 행복감으로 가득할 것이다.

브레인시티 프로젝트금융투자 | **한승도 대표**

"독자문화 인정하며 화합해야"

사람이 사는 삶의 영역에는 '딴지쟁이'가 많다. 그들은 관성대로 흐르는 사회인식이나 시스템에 힘을 가해 변화를 시도하기도 한다. 관성이 커질수록 그들의 쇠고집도 만만찮다. 때로는 그 고집이 누군가에게 불청객이 되기도 하지만 그들은 도무지 멈추지 않는다. 이렇게 '남'보다 '내'가 우선시되는 세상에서 '모두'를 위해 하루하루 고민하며 '잘 사는 지역 만들기'에 몸을 아끼지 않는 사람이 있다. 햇살이 따사로운 아침, 사람 냄새 물씬 풍기며 기분 좋은 에너지를 녹여내는 이웃집 아저씨 같은 그를 만났다. 평택시 브레인시티 프로젝트금융투자 한승도 대표이다.

평택 미래의 핵심 사업 브레인시티

평택에서 잔뼈가 굵은 사람이라면 한승도 대표를 모르는 이가 드물다. 평택의 변화 곳곳에 한 대표의 손길이 닿아 있으니 평택과 함께 한 삶이라 해도 과언이 아니다. 한 대표는 서울에서 태어났지만 2세 무렵 평택에 내려와 학교를 다니고, 가정을 꾸리고, 평생을 공직에 몸담은 평택의 산증인이자 평택 발전의 중추적 인물이다. 공직생활을 은퇴한 후에는 평택 미래의 핵심이라 할 수 있는 브레인시티 사업을 지원, 감독하는 브레인시티 프로젝트금융투자 대표로 몸담고 있다. 브레인시티 사업은 경기도에서 진행하는 개발 사업 중 가장 큰 규모이며, 평택시의 오랜 숙원사업이다. 도일동 일원 총 483만㎡(146만평)에 산업단지 146만여㎡(44만평), 주거시설 336만여㎡(102만평) 등을 조성하는 사업으로, 도시공사와 중흥건설그룹 계열사인 중흥토건이 참여해 진행하고 있다. 평택은 브레인시티 사업을 통해 4차 첨단산업 및 대학교, 대학병원을 유치해 평택시의 수준을 업그레이드하고 시민들의 삶의 질을 향상시키는데 주력하고 있다.

해야 할 일 앞에서는 타협이나 주저함 없어

공직자였던 한 대표가 브레인시티 프로젝트투자금융에 대표로 오게 된 계기를 묻자, "누군가는 대표가 되어야 하고, 사업의 특성상 공공성을 최우선해야 하는 일이기에 공무원인 출신인 제가 적합하다고 판단했을 거"라며, "공무원 시절 브레인시티 관련 업무를 했던 이력은 있으나 일자리를 잃은 사람에게 적선 삼아 마련해 준 자리가 아니겠냐"며 겸손을 보인다. 스스로를 게으르고 놀기 좋아하는 사람이라고 말하지만 한 대표는 '창의와 혁신'을 중시하는 베테랑이다. 때문에 그가 하는 일은 치밀하고 소홀함이 없다. 관료적 공무원의 모습을 벗어던지고 남들이 귀찮아하는 일이라도 해야 할 일 앞에서는 좀처럼 머뭇거림이 없다. 그의 근성과 성실함은 일명, '철밥통'이라는 공무원 시절을 무던히도 분주하게 만들었다. 그렇다고 공직자 생활을 내세워 혜택을 바란 적도 없다. 그저 주어진 일에 최선을 다하다 보니 남들보다 빨리 진급하고 커다란 잡음 없이 살아왔다고 한다.

직장이나 직업 이상의 의미였던 공직생활

한 대표는 1989년 평택시 총무과에서 공직생활을 시작해 비전2동장, 교통행정과장, 공보관, 기획예산과장, 의회사무국장 등 중요한 책무를 수행하며 32년간 평택시 발전을 위해 헌신했다. 이러한 능력을 인정받아 행정안전부장관, 경기도지사 등 다수의 표창을 수상하기도 했다. 특히 의회사무국장 재직 당시 제8대 평택시의회와 집행부의 소통과 협력에 큰 역할을 하였으며, 안중출장소장 재직 시에는 특유의 합리적이고 온화한 리더십으로 코로나19 대응, 서부지역 도시경관개선 추진 등 탁월한 행정능력으로 창의와 혁신을 도모하였다. 젊은 시절 교사가 되고 싶었던 그는 나이가 들어 결혼할 시기가 되자 공무원 생활을 시작했다. 그러나 공무원을 평생 직업으로 삼겠다는 생각은 없었다. 잠시 생계를 해결하고 나면, 언젠가 교사가 되겠다고 생각했단다. 그러나 세상이 어디 마음먹은 대로 되겠는가. 그렇게 시작한 공직생활은 평생의 천직이 되었고 지금은 한없이 그립고 고마운 추억이 되었다.

브레인시티 프로젝트금융투자는 그에게 제2의 직업이자, 민간과 공공을 연결하는 중개자로서의 사명이기도 하다. 청춘을 바쳐 지켜온 평택이 어느 지역보다 행복한 곳이기를 바란다. 그래서 그는 브레인시티 사업의 성공을 위해 주어진 자리에서 온 힘을 다하고 있다. 간혹 주변 사람들이 술자리에서 농담을 건넨다. '아무 것도 하지 않으면 아무 일도 일어나지 않는다'고. 하지만 그는 그럴 생각이 추호도 없다. 살아 있다는 건 움직임을 뜻하기 때문이다.

적정할 때 발전 멈추는 용기가 중요

평택과 함께 한 그에게 평택의 마음을 들어 보았다. 서슴없이 "개성을 인정받고 싶다"고 말한다. 평택은 원주민뿐만 아니라 외지에서 이주해온 사람, 외국인 등 다양한 사람들이 살고 있는 도시이다. '함께', '우리'를 내세워 모두에게 평택에 맞추려고 하기보다는 각자의 독자적인 문화를 인정하며 '화합'하는 평택이 되고 싶어할 것이라고 말한다. 그다운 말이다.

아울러 "개발하고 확장하는 것도 중요하지만 적정한 때 발전을 멈추는 것도 중요하다"는 말을 덧붙인다. "하고 싶은 것을 하는 권리보다 하기 싫은 것을 안 하는 권리가 중요하다." 멋진 그의 인생철학이자 모토 아닌가.

영창정공 | **진현태 대표이사**

"성공은 혼자 잘나서 되는 게 아니다"

"우리가 이 세상에서 해야 할 첫 번째이자 마지막 일은 위기를 버티고, 위기로 인해 망가지지 않는 것이다."

『노인과 바다』, 『무기여 잘 있거라』 등으로 우리에게 잘 알려진 미국의 대표적인 작가 어니스트 헤밍웨이의 말이다. 누구에게나 위기는 찾아온다. 하지만 누구는 무너지고 누구는 회복한다. '회복탄력성'의 차이 때문이다. 어떤 어려움이 있어도 그 위기를 극복하고 원래의 모습으로 되돌아가는 힘 말이다. 우리 사회에서 자수성가한 사람들의 공통점은 바로 이 '회복탄력성이 강하다'는 것이다.

자동차 산업 한 분야에만 매진

㈜영창정공을 이끌고 있는 진현태 대표이사. 그는 회복탄력성이 강한 대표주자 중 한 사람이다. 그가 사업을 시작한 것은 1975년. 서울 영등포에서 단돈 70만 원이 안 되는 자본금으로 영창공업을 창업했다. 그리고 지금 연매출 70억 원이 넘는 견실한 자동차 소재기업이 됐다. 반세기가 다 되도록 자동차 산업 한 분야에만 매진한 결과다.

특히 자동차 부품의 기술력이 부족하던 시절, 국산화 성공에 큰 역할을 했다. 그가 창업 당시만 해도 클러치 부품(CLUTCH ASS'Y부품)은 일본에서 수입해 조립 생산만 했다. 이 시기, 클러치 부품의 국산 개발은 그만큼 절실했다. 그는 오랜 연구 개발 노력으로 급기야 국산화에 성공하고, 관련 부품을 양산 공급했다. 그러면서 10여 년간 사업이 안정권에 접어들게 되었다.

1992년에는 쌍용자동차 프레임 개발에도 참여해 무쏘 프레임 부품 16종을 공급했다. 이를 시작으로 이스타나, 뉴코란도, 체어맨 등 쌍용자동차의 신규 차종 개발에 지속적으로 참여해 제품을 생산하고 공급했다. 그 결과 지난해인 2022년에는 한국정밀공학회로부터 생산기술대상을 수상하며, 자동차 부품의 품질을 국제적인 수준으로 향상시킨 공로를 인정받기도 했다.

자동차 부품 국산화에 성공

그가 평택과 인연을 맺은 지는 햇수로만 24년. 75년에 서울에서 창업한 이래 인천과 수원을 거쳐 평택 어연한산공단에 공장을 세웠다. 평택공장으로 신축 이전하면서 대형프레스라인을 완성해 가동했고, 2001년 4월에는 용접로봇라인도 설치해 공장자동화 설비로 생산체계를 개선했다. 2005년에는 조립공장 증축과 함께 프레스라인 로봇자동화구축을 완료함으로써 명실공히 자동차 전문업체로 발돋움했다. ㈜영창정공이 지금처럼 이노비즈에서도 인증받은 작지만 탄탄한 강소기업이 될 수 있었던 이유는 지속적인 연구개발과 생산자동화 노력, 그리고 관리 부분의 자구책 모색 덕분이었다.

성공은 주변의 '도움' 덕분

하지만 그가 자수성가한 인물의 대표주자라고 말하는 이유는 다른 데 있다. 그는 한양대학교 기계공학과를 졸업했을 때 취업을 마다하고 곧장 아버지 사업을 도왔다. 그러나 아버지 사업이 동업자의 배신으로 하루 아침에 폐업을 하게 됐다. 폐업은 순식간이었지만 그 뒷수습은 오래 걸렸다. 5년 남짓이나 망가진 사업의 뒷수습을 했던 것. 그때 모진 풍파를 겪었다. 이상하게도 그러면서 '내 스스로 사업을 해보고 싶다'는 생각을 하게 됐다. 보통은 이때 사업에서 손을 떼기 마련이다. 하지만 '회복탄력성'이 강한 그는 오히려 사업을 제대로 해보고 싶어진 것이다. 마침내 그가 뒷수습을 어느 정도 마치고 한숨 돌릴 수 있는 여력이 생기자 열망을 실현하기 시작했다. 우선 전기가 들어오지 않던 공장에서 발동기로 동력을 만들어 작은 일부터 해나갔다. 시간이 지나면서 사업에 자신감이 생기기 시작했다. 이때 클러치 부품의 국산화를 의뢰받게 되었고, 거듭된 연구개발과 시행착오를 거친 끝에 클러치 부품 국산화에 성공했던 것이다. 그렇게 10여 년간 사업 안정화의 발판이 다져졌다.

하지만 그는 자신의 성공을 자신이 잘나서 된 일이 아니라고 생각한다. "클러치 부품 국산화를 제안하고 개발 및 양산화에 이르는 과정을 묵묵히 지켜봐주고 지지를 보내 준 발주처 관계자의 도움이 없었다면 오늘의 영창정공도 없었을 것"이기 때문이다. 이후 날로 커지는 사업규모를 감당하기 위해 사업체를 인천으로 이전하는 과정에서도 금융권에서 종사하는 지인이 많은 편의를 베풀어 고민을 덜 수 있었다. 회복탄력성이 강한 그이지만 왜 사업하면서 고비가 없었겠는가. 그러나 고비에 부닥칠 때마다 주위에서 도움의 손길이 이어졌다. 그러면서 "자신이 아무리 잘났다고 해도 다른 사람의 도움이 없으면 아무것도 될 수 없다"는 것을 깨닫게 됐다. 그는 "돌이켜 보면 새로운 시작을 목전에 둔 상황이나 고비를 마주할 때마다 타인의 도움이 있었던 것 같다"면서 "주변 도움 없이 내가 온전히 노력만으로 오늘의 성취를 이뤄내기는 쉽지 않았을 것"이라고 단언한다. 사람 관계가 사업에 얼마나 중요한지 알려주는 대목이다.

사업은 회사 구성원이 잘살기 위한 것

그래서일까. 그의 가치관에도 '사람'이 매우 중요한 위치를 차지하고 있었다. 그는 "사업체 운영이 돈을 벌기 위한 목적이 아니라 회사 구성원 모두가 잘살기 위한 수단으로 생각하고 있다." 왜냐하면 "자신이 오늘날 이만큼 살 수 있게 된 것도 수많은 사람들의 도움과 배려가 있었기 때문이고, 받았던 도움을 되갚아 줄 기회가 생긴 것만으로도 큰 행운이라고 생각하고 감사히 여기고 있어서"다.

하지만 도움을 많이 받은 만큼 피해를 입은 경험도 있을 터다. "살다보면 사람에게 상처받을 때도 있다"면서도 "잠깐 기분이 안 좋을 수는 있어도 그 감정을 오래 가져 가지는 않으려고 한다"고 말한다. 그러면서 "아무리 서운한 말이나 행동이라도 그 사람으로서는 꼭 필요해서 그렇게 한 것이라고 생각하면 금방 잊게 된다"며 웃는다. 그의 선한 웃음이 이공계 삶을 산 사람답지 않게 문학의 향기를 풍긴다.

상공회의소 | **이보영 회장**

좋은 판단 원하면 인문적 소양 쌓아라

누구에게나 찰나의 순간에 판단을 내려야 할 때가 있다. 식당 테이블에서의 점심 메뉴일 수도 있고, 큰 계약 성사를 목전에 둔 절체절명의 순간일 수도 있다. 경중에 상관없이 어느 선택이든 판단의 결과는 온전히 자신이 감당해야 한다.

판단의 순간에는 참 많은 생각이 든다. '내 판단이 어떤 결과로 이어질까'하는 염려라고 할 수 있다. 그렇다면 어떻게 해야 더 나은 판단, 성공적인 판단에 이를 수 있을까. 평택상공회의소 이보영 회장이 내놓는 해답은 인문학적 소양이다. 인문학적 소양이 풍부할수록 양질의 판단에 이를 가능성이 크기 때문이다.

성공적 판단, 해답은 인문학

그가 "누구나 자신이 살아온 경험을 토대로 판단하기 때문에 편협한 사고방식에 사로잡히거나 한 분야에만 매몰된 생활을 오래 하면 창의적인 결과를 이끌어 내기가 쉽지 않다"면서 "인문학적 소양을 통해 사고의 유연성을 기르면서 외연을 확장해 나가야 한다"고 강조하는 이유다.

사실 이보영 회장은 학창시절부터 주어진 과제를 수치화하는 능력이 남달랐다. 어려서부터 주산과 암산 학습능력이 뛰어나 수많은 대회에서 수상을 했다. 덕분에 대우그룹이라는 굴지의 대기업에 근무하면서 비교적 일찍 능력을 인정받기도 했다. 그렇게 시간이 흘러 '자신의 사업을 일구고 싶다'는 생각이 들 때쯤 창업을 결심했고, 부침이 있었지만 큰 고비 없이 오늘날까지 기업체를 성공적으로 경영해오고 있다.

그만큼 이 회장이 자신의 가장 큰 성공 요인으로 꼽는 것이 '수치화 능력'이다. "산술적인 것은 바꾸어 말하면 논리적인 것인데, 사회생활을 하면서 지금껏 내린 최선의 판단은 논리적인 로직을 통해서 얻을 수 있었다"면서 "어려서부터 몸에 익은 냉정한 수치화능력이 오늘의 나를 있게 한 원동력"이라고 말한다.

지금은 융·복합적 사고 필요한 시대

'수치화 능력'에 관한 확고한 믿음에도 불구하고 최근 들어 그의 삶에 조금의 변화가 생겼다. 모든 것이 급변하는 시대, 인문학의 필요성에 눈을 뜨면서 변화는 시작되었다.

그동안의 판단은 정답을 염두에 둔 것이었고, 다행히 근사한 판단을 내려왔지만 앞으로는 다를 수 있기 때문이다. 다시 말해 "제한된 여건과 상황에서 성실하게 노력하면 성과를 낼 수 있던 시대는 끝났다"는 것이다.

사회가 급변하는 만큼 "융·복합적 사고로 남들과 다른 생각과 판단을 해야만 생존할 수 있다"고 말한다. 남다른 판단을 하기 위해서는 무엇이 필요할까. 그가 생각하는 해결책이 바로 앞에서 얘기한 인문학적 소양이다. 그는 "이제 인문학적 소양이 이 시대를 살아가는 필요조건"이라고 강조한다. 이어, "그렇다고 인문학에 무작정 치우쳐 흥미 위주의 판단을 해서는 안 된다"고 지적한다. 기업인의 중심에는 자신의 삶을 통한 경험과 가치를 판단하는 기준이 있어야 한다는 것이다. 그래야 이런저런 말에 휘둘리지 않고 자기중심을 잡을 수 있다.

'감'은 경험과 인문학이 만난 결과

그는 인문학적 소양이 이럴 때 강한 힘을 발휘한다고 믿는다. "흔들리지 않는 이성적 자기 기준에 인문학적 소양을 보태 식견을 넓혀나가면 좋은 결과를 얻을 수 있다"고 한다. 한편으로는 '드넓은 인문학의 바다에서 길을 잃지 않는 방법이 되기도 한다'고 생각한다.

사실 그에게 인문학적 소양은 그리 새삼스러운 게 아니다. 기업인이라면 누구나 있을 법한 경험이 있다. 사업상 중요한 판단을 해야 하는데 알 수 없는 힘에 이끌려 결정을 하는 경우다. 왠지 모르게 그런 판단을 해야 할 것 같은 '감'이 온다는 것이다.

그때는 가급적 '감'을 따른다. 물론 100%는 아니지만, 좋은 결과로 이어진 사례가 제법 많다. 그에게 '감'은 인문학적 소양 덕분에 생겨난 것이다. '감'이란 다양한 경험과 인문학적 사고가 자신의 머리에서 찰나의 순간 융·복합해지면서 만들어낸 결과라고 생각하기 때문이다. 그래서 그는 오래전부터 인문학적 소양의 중요성을 알고 있었고, 자신의 판단에 활용하려 노력했다.

일반적으로 '감'으로 하는 판단은 무모하고 위험하다고 말한다. 그렇다고 기업인에게 '감'이 마냥 비이성적인 영역의 산물이라고 단언하기도 어렵다. 평택 상공회의소 회장이라는 직함을 가진 그가 바로 그 증거다.

새 지식과 정보에 자극받으려 애써

그래서 그는 "일상 속에서 수없이 마주하게 되는 판단의 순간에 더 나은 선택, 더 나은 결과를 만들기 위해서는 인문학적 소양을 키우라"고 거듭 강조한다.

이 회장은 지금도 새로운 사람들과 새로운 이야기를 나누면서 늘 그간 알지 못했던 세계를 알아가려고 애쓴다. 새로운 사람들과의 새로운 이야기, 새로운 지식과 정보들이 끊임없이 자신을 자극하기 때문이다. 그는 "그 자극이 기존에 내가 가지고 있던 생각과 교감하고 반응하며 내 가치 판단 기준을 조금씩 수정하도록 유도하기도 한다"고 전한다. 새로운 만남이 많아질수록 새로운 정보의 유입이 늘어나고 관점이 넓어지니 어찌 그렇지 않겠는가.

현대레미콘 | **김문석 회장**

'도전' 두려워하면 성공은 없다

현재 대한민국에서 가장 핫한(?) 도시를 꼽는다면 단연코 평택일 것이다. 도농복합도시이자 수도권 중심부에 위치한 평택은 최근 몇 년간 급속도로 성장하고 있다. 새로운 도시로 거듭나고 인구가 증가하면서 아파트를 비롯한 각종 건축물 또한 엄청난 숫자로 늘어나고 있다. 그 때문에 도시 곳곳에서 레미콘을 싣고 운반하는 믹서트럭을 보는 게 그리 어렵지 않다. 그중 상당수가 현대레미콘(주)이다. 그러니 현대레미콘이 평택 도시변화를 이끄는 핵심 기업임은 말할 필요도 없다.

이 회사의 수장인 김문석 회장은 1986년 현대기업(주)을 설립해 운영하며 사업가의 길을 걸었다. 사업을 하기 전 그가 다녔던 회사는 현대건설이었다. 광주에서 학업을 마친 그가 서울로 와 처음 입사한 회사였다. 그는 여기서 현장관리 일을 했다. 당시 현장에 드나드는 업자들과 자연스럽게 인연을 맺을 수 있었고, 그들과 진솔한 이야기를 많이 나누게 되었다. 그때 들었던 얘기가 석산, 골재산업이었다. 돈을 벌 수 있다는 것이다. 실제 나름의 사업성 분석을 해보니 '정말 돈이 되겠구나' 싶었다.

그는 곧바로 아내에게 퇴사하고 사업을 하겠다고 말했다. "당시 월급보다 2배, 3배 더 많은 돈을 벌어다 주겠다고 확신하고 호

언장담했다"고 한다. 하지만 어느 날 갑자기 잘 다니던 회사를 그만두고 사업하겠다는 사람에게 '잘 생각했다'고 할 사람이 몇이나 될까. 그는 "아주 난리가 났다"고 표현했다. 그러나 강력한 반대에도 불구하고 아내 몰래 퇴사를 강행했다. "물론 보름도 안 돼서 들통났다"며 껄껄 웃었다.

골재도매업부터 시작

그의 첫 사업은 투자를 받아 동업으로 진행했다. 골재도매업이었다. 호기롭게 시작한 사업인 만큼 열정을 다 쏟았다. 쉬지 않고 발이 부르트도록 영업을 다녔다. 주말에도 사무실에 나와 한 통의 전화라도 놓치지 않으려고 노력했다. 그렇게 1년 365일을 일했다. 시간이 흘러도 성과는 좋지 않았다. 문제는 동업자와 의견이 맞지 않아 사업을 진척시키는데 애로점이 적지 않았다는 것이다. 당초 사업계획과 어긋나고 있었다. 결국 고심 끝에 동업을 그만해야겠다는 결단을 내렸다. 몇 년간 일을 하면서 업황에 대한 이해가 높아졌고, 확신도 생겼다.

그즈음 시화공단에 3천600평 규모의 공장부지가 경매로 나왔다. 당시 그곳에는 대규모 벽돌공장이 있었다. 마침 화성에서 석산사업을 운영하고 있을 때라 남은 석분을 활용하면 사업성이 있겠다고 판단했다. 곧바로 입찰에 나섰고 낙찰됐다. 이어 시설투자를 감행했다. 그는 "당시만 해도 국가차원에서 대대적인 주택

공급을 추진했다"면서 "건설경기가 좋아 수익은 낙관적이었다"고 일사천리로 추진한 이유를 설명했다.

그렇게 그는 부푼 꿈을 안고 공장 문을 열었다. 1997년이었다. 그런데 그해 12월 IMF 시대가 닥쳤다. 주변에서 수없는 기업이 하릴없이 무너졌다. 모두가 아우성이었다. 살아남은 기업은 몸을 사렸다. 버티기 작전이었다. 투자도, 신사업도 먼 나라 얘기였다. 사람도 기업도 웅크린 채 삶을 이어갔다. 이런 국가적 시련에도 그는 좀처럼 체념하거나 현실에 안주하지 않았다. 연관 산업으로의 신사업 구상을 지속적으로 했다. 그때 눈에 들어온 것이 레미콘 사업이었다.

혜안으로 성과 예측해 레미콘 사업 추진

그는 "석재관련 일을 하는 사람은 작업복을 입고 다니는데, 레미콘을 업으로 하는 사람은 양복을 빼입고 다니더라"면서 "레미콘 사업을 꼭 해봐야겠다는 생각이 들었다"고 했다. 실은 건설업과 골재사업의 경험으로 레미콘 사업도 성공 가능성을 충분히 읽을 수 있었기 때문이다.

그는 한번 '좋다'고 생각한 것은 무슨 일이 있어도 한다. 그만큼 추진력이 좋다. 추진력 바탕에는 혜안이 숨어 있다. 사업가로 살아가면서 산업의 미래를 보는 혜안이 생긴 것이다. 레미콘 사업도 예의 그 혜안이 작용했다. "성공의 확신이 생겨서 도전하게 됐다"는 말은 혜안으로 성공의 미래 모습을 봤다는 얘기라고 할 수 있다.

직원과 인사 나누며 공장 돌기 10년

결국 2003년 2월 레미콘 공장설립을 결심한다. 그해 3월 첫 삽을 뜨고 안성공장 가동에 들어갔다. 그런데 얼마 지나지 않은 5월, 화성에서도 레미콘 공장 허가가 났다는 소식이 전해졌다. 오래전부터 화성시에도 레미콘 공장을 설립하려고 했지만, 일의 진척이 더뎌 잊고 지냈는데, 덜컥 허가가 난 것이다. 겹경사였다. 그렇게 그의 주력업종이 레미콘 사업으로 바뀌었다. 2007년부터는 안성 레미콘 공장에 매일 출근해 작은 일부터 챙겨나갔다. 그는 "새벽같이 출근길에 올라 공장에 도착하면 작업복으로 갈아입고 공장을 한 바퀴 돈다"고 했다. 직원들과 인사하면서 안부를 묻고, 공장 돌아가는 사정도 살피고, 담배꽁초를 주우며 한 바퀴 돌면 시간이 훌쩍 가버린다. 처음에는 직원들도 '얼마 하다 말겠지' 했다. 그런데 그렇지 않았다. 그는 "10년 넘게 계속해오니 직원들이 변하더라"고 말했다. 이제 말을 거들지 않아도 현장이 잘 돌아갈 만큼 안정화됐다.

그의 이런 행동은 '이론보다 실천, 최고보다는 최선'이라는 경영철학에서 비롯된 것이다. 레미콘 사업은 콘크리트를 납품받는 건설사인 1차 고객은 물론, 완성된 건축물을 사용하는 2차 고객의 안전과 만족까지도 고려해야 하기 때문에 이런 모토가 필요하다.

그의 고집은 안성, 화성, 평택 등에 석산을 보유하게 만들었고, 레미콘 생산설비를 갖추어 골재부터 레미콘까지 직접 생산·납품하는 회사로 만들었다. 그 결과 현대레미콘(주)는 우수한 품질, 철저한 현장관리는 물론, 사전 사후 서비스에 이르기까지 고객의 입장에서 최선을 다하는 고객 맞춤형 우수기업으로 인정받게 되었다.

기왕 할 것 숙제 말고 축제하듯 하자

이렇게 우수한 기업을 일구기까지 그가 경험한 삶의 내력을 듣다 보면 '참으로 도전을 두려워하지 않는 사람'이라는 생각이 든다. 그는 "남들보다 내가 하는 게 수월하고 쉬우면 내가 하는 게 낫고, 기왕 해야 하는 거라면 숙제하듯 말고 축제하듯 하자"는 그의 삶의 철학 덕분이라면서 "이것이 도전이라면 앞으로도 나를 믿고 따라 준 직원들에게 사장 자리 하나씩 줄 수 있을 때까지 새로운 도전을 계속할 생각"이라고 말했다. 참으로 신선하고 남다른 도전이 아닐 수 없다.

텔스타홈멜 | **이정훈 대표**

직원 섬기는 일, 사업 성공의 핵심

1969년 미국의 우주왕복선 아폴로 11호는 인류 역사에 가장 잊지 못할 기록을 남긴다. 인간이 달에 첫발을 찍은 것이다. 이 때 아폴로 11호를 제어한 것은 아폴로 가이던스 컴퓨터(AGC, Apollo Guidance Computer)였다. 'AGC'가 만들어졌을 당시 크기 61×32×17cm, 무게 32kg으로 상당히 컸다. 하지만 성능은 지금 우리가 매일 손에 쥐고 있는 휴대폰보다 훨씬 못하다. 컴퓨터 기술이 엄청난 속도로 진화한 것이다. 지금은 로봇이 서빙을 하고, 아픈 사람을 진료할 수 있게 됐다. 운전자 없이 자동차가 주행하기도 한다. 기계가 기계끼리, 혹은 기계가 사람과 대화를 하며 서로 정보를 교환하는 시대가 온 것이다. 일명 제4차 산업혁명 기술이다. 이런 신기술이 제조 공장에 설치되면 어떻게 될까. 사람처럼, 아니 사람보다 훨씬 더 똑똑한 공장이 된다. 스마트팩토리다.

공정 과정이 사람처럼 연결돼

스마트팩토리는 자동화 공장이 아니다. 자동화 공장은 데이터를 입력하면 그 데이터대로만 움직이지만, 스마트팩토리는 고객 맞춤을 지향하는 사람의 뇌를 가진 공장이다. 스마트팩토리는 생산 관련 모든 공정과 이송, 물류, 그리고 소비자에게 전달되는 전 과정을 사물인터넷으로 연결한다. 이 때문에 각 과정에서의 정보를 자유롭게 수집하고 분석할 수 있다. 각 과정을 담당한 기계가 사람처럼 서로 대화를 하며 정보를 교환한다는 것을 의미한다. 스마트팩토리는 각 공정 과정의 연계성이 가능하기 때문에 최소 비용과 시간으로 고객 맞춤형 제품을 생산해낼 수 있다. 평택에는 국내에서 둘째가라면 서러울 만큼 완벽한 기술력을 자랑하는 스마트팩토리 회사가 있다. 텔스타홈멜이다.

텔스타홈멜은 '첨단기술을 바탕으로 제조업의 미래를 창조한다'는 미션을 목표로 하고 있다. 기술과 공장, 기술과 문화 등 다양한 수단이 연결되어 상호작용할 수 있는 '인공지능 스마트팩토리 플랫폼 LINK5'를 기반으로 고객맞춤형 스마트팩토리 솔루션을 제공하는 기업이다.

텔스타홈멜은 1987년 텔스타무역으로 시작했다. 외국산 자동차 엔진 부품 품질검사 장비를 수입해 완성차 업체에 판매하는 회사였다. 그런데 외국산이다 보니 사후관리가 잘되지 않았다. 이를 해결하는 방법은 측정 장비 국산화였다. 몇 년의 고생 끝에 결국 자동차 파워트레인 부품의 측정·검사 장비 국산화에 성공했다. 이와 함께 1995년 사명을 텔스타엔지니어링으로 바꿨다. 그리고 2004년 독일 홈멜에타믹스사와 합작을 하면서 텔스타홈멜이 되었다.

2000년대 들어 완성차 업체는 품질 경영을 강화했다. 각종 부품의 데이터가 많았던 텔스타홈멜은 이에 발맞춰 자동차 파워트레인 분야에서 설비제조 기술과 정보통신 기술을 융합해 'LINK5'라는 고객 맞춤형 스마트팩토리 플랫폼을 만들었다. 이를 계기로 2016년 새로운 비전을 선포하며 스마트팩토리 구축 전문회사로 전환했다.

업의 전환으로 37년 지속 성장

2019년부터는 KT와 '5G 엣지클라우드 기반 스마트팩토리 솔루션 개발협력 MOU'를 맺고 5G기반 스마트팩토리 솔루션의 시장 보급 및 확대에 박차를 가하고 있다.

기업이 지속 성장하기 위해서는 시대에 맞는 업의 전환이 필요하다. 텔스타홈멜은 자동차 엔진부품의 검사 장비를 수입 판매하는 회사에서 장비 국산화를 이루면서 엔지니어링으로 업을 전환했고, 다시 스마트팩토리 구축 회사로 전환했다. 무역업에서 엔지니어링업으로, 엔지니어링업이 다시 스마트팩토리 구축업으로 전환된 것이다. 이런 전환이 있었기에 텔스타홈멜은 37년의 역사를 가진 지속성장 기업이 될 수 있었다.

회사가 업의 전환을 거듭하며 성장하는 데 핵심적 역할을 한 주인공이 바로 이정훈 대표다. 자동차 관련 업무를 시작하던 초창기부터 최첨단 사업에 앞장서고 있는 지금까지 함께한 텔스타홈멜의 산증인이다. 그는 2021년 2월에 이노비즈 협회장으로 취임한 임병훈 회장의 뒤를 이어 텔스타홈멜의 대표가 됐다.

경기도에서 가장 일하기 좋은 기업

그는 공대 출신의 실력 있는 엔지니어이지만 자금 및 관리 분야에서도 탁월한 실력을 발휘하며 회사 성장에 기여했다. 경기침체로 인해 회사가 좀 어려워진다 싶을 때면 동료들을 부추기며 극복 아이디어를 짜내곤 했다. 실력과 성실성, 애사심이 합쳐져 성과를 내는 그에게 창업주인 임병훈 회장을 비롯해 많은 동료가 신뢰를 갖기 시작했다. 그의 성실성과 애사심 저변에는 종교적 믿음이 한몫했다. 기독교 장로인 그는 오랫동안 교회에 나가면서 몸에 배인 창조주에 대한 믿음처럼 회사를 믿고 회사를 자신의 가슴에 품어 안고 살겠다는 의지를 가지고 있었다.

그가 'CEO가 된 비결이 뭐냐'는 질문에 '실력이나 노력 덕분'이라는 답이 아닌 "운이 좋았다"고 대답하는 이유도 여기에 있다. 자신을 낮추고 상대를 높이며 겸손하고 성실하게 살아가는 종교적 태도가 그 저변에 있는 것이다. 그는 현재 30년 가까이 텔스타홈멜에 근무하고 있다. 뛰어난 실력과 성실성, 애사심이 없다면 이미 낙오됐을 시간이다. 그는 CEO가 됐다. 그것으로 그의 뛰어남은 입증된 것이다.

이 대표는 CEO가 될 때까지 한 번도 잊지 않았던 게 있다. '사람의 중요성'이다. 텔스타홈멜 사옥에 들어서면 가장 먼저 눈에 들어오는 게 있다. 풋살 경기장과 어린이집이다. 이 회사가 직원 복지에 얼마나 신경을 쓰고 있는지 알 수 있는 대목이다. 그는 "우리는 대기업과의 프로젝트가 많다"면서 "우리 직원이 대기업 직원에 비해 사기가 떨어지지 않도록 하는 게 중요하다"고 말한다. 그러기 위해서는 "대기업에 밀리지 않게 최대한 좋은 환경을 만들어 줘야 한다"는 것이다. 프로젝트성 일이 많은 회사의 특성상 직원이 자산이니 직원을 위한 복지는 무엇보다 중요하다는 의미다. 그가 '첫째도 사람, 둘째도 사람'이라고 거듭 말하는 이유다. 그래서일까. 텔스타홈멜은 '경기도에서 가장 일하기 좋은 기업'으로 선정되기도 했다.

평택, 그리움 가득한 고향으로 남길

공장으로 가보면 곳곳에 다관절 로봇팔이 계속 움직인다. 로봇이 부품을 옮겨놓으면 스마트 설비가 조립, 검사, 납입 절차를 거쳐 완제품을 만들어낸다. 로봇이 없을 때는 사람이 무거운 부품을 이동시켜야 했지만 로봇의 등장으로 힘든 일이 사라졌다. 단순노동은 로봇에게 맡기고 사람은 좀 더 퀄리티 높은 일에 매진할 수 있게 됐다. 주문이 들어오면 그때그때 설비를 설치해 최소 비용, 최소 시간으로 순식간에 제품을 만들어낸다. 스마트팩토리의 우수성을 한눈에 볼 수 있어 많은 기업에서 견학을 오기도 한다.

제4차 산업혁명 기술의 진수를 다루는 스마트팩토리 구축회사 대표가 바라보는 평택은 어떨까. 그는 "평택이라는 도시가 사람도 많아지고 급속히 발전하면서 앞뒤를 바라볼 여유가 없어졌다"면서 "조금 더 디 갔으면 좋겠다"고 말한다. 사람보다 더 빠르고 완벽한 제조 공정을 실현하는 회사의 대표이기에 근무 형태가 발전하는 건 당연하다고 생각한다. 하지만 사람의 일상만큼은 좀 더 천천히 변해 가슴 깊은 곳에 그리움으로 남은 고향의 모습을 간직했으면 좋겠다는 의미일 것이다.

㈜비전정보통신 | **문병국 대표**

불편함을 해결하면 기술이 나온다

기술혁신을 이룬 중소기업, 이런 기업을 이름하여 '강소기업'이라고 한다. 이들을 위한 협회도 있다. 중소기업기술혁신협회 즉 이노비즈협회다. 협회 회원사의 대부분이 우리나라 중소기업의 중추 역할을 한다. 평택에도 이노비즈협회 회원사가 있다. ㈜비전정보통신. 방범·재난안전솔루션 전문업체로 우리 삶에 가장 중요한 부분 중 하나인 '안전'에 탁월한 기술력을 보유한 곳이다.

세계가 주목하는 최첨단 카메라

㈜비전정보통신의 문병국 대표는 이 분야 최고 전문가이자 발명가다. 인공지능AI을 기반으로 화재 감지와 흡연자 감지를 할 수 있는 열화상 감지 카메라, 광범위한 지역의 화재와 연기를 감지하는 열화상·실화상 듀얼 카메라, 또 불꽃을 감지하면 즉시 음성 송출을 하는 PTZ 네트워크 카메라 등이 모두 그의 손을 거친 이 회사 제품이다.

뿐만 아니라 세계가 깜짝 놀란 기술력의 제품 '스마트IoT보안등'도 있다. 이 제품은 가로등임에도 CCTV 역할을 한다. 말하자면 가로등이자 CCTV인 셈이다. 이 제품은 나뭇가지이든 동물이든 무조건 움직임에 반응하는 기존 제품과는 달리 사람이나 차량에 한해서만 작동한다. 그가 개발한 AI 카메라를 보안등에 탑재해 기능을 연동했기 때문이다.

특히 이 카메라는 360° 회전과 최대 75°의 상하 조절이 가능해서 넓은 범위에 걸친 영상 감시에 탁월하다. 또한 광학 12배 줌 기능과 최대 100m의 IR 센서를 탑재해 어떠한 환경에서도 뛰어난 화상을 제공하는 것도 장점이다. 이뿐 아니라 오토 트래킹Auto tracking 기능까지 갖춰 사람이나 물체에 대해 자동으로 추적해 감시할 수 있다.

소비자 관점에서 불편 찾아 해결

여기에 IoT 시스템을 설치해 원격으로 여러 대의 보안등 제어가 가능하며, 가로등의 동작상태 확인 및 동작 간 소비한 전력을 관제센터에서 실시간으로 확인할 수 있게 했다. 또 보행자를 감지하면 보안등 밝기가 밝아지고 보행자가 떠나면 밝기가 다시 어두워지도록 해 고효율 인증을 받은 LED를 활용함으로써 에너지 절약은 물론 빛 공해 민원을 동시에 해결할 수 있다. 이런 기술력 덕분에 '시큐리티 어워드 코리아 2019' 시상식에서 '선별관제 부문 솔루션 대상'을 수상하기도 했고, 국내는 물론 일본, 가나, 베트남 등에 수출로 이어졌다.

도대체 이런 기술력은 어떻게 갖게 되었을까. 제품 개발의 주인공 문병국 대표는 "소비자 맞춤형을 추구한 덕분이다"고 말한다. 그동안에는 시장의 요구와는 상관없이 하나의 제품으로 적용했다. 예를 들어 골목길 CCTV와 교통체증이 발생하는 도로의 CCTV의 기능이 일률적으로 같았다. 문 대표는 상황에 따라 기능이 달라져야 한다고 생각했다.

평택 구석구석 살피는 남다른 성실함

 도로의 폭이나 교통체증이 지속적으로 발생하는 지역, 골목도길의 폭이나 길이에 따라서 니즈가 달라진다는 얘기다. 이런 생각에 따라 맞춤형 보안서비스를 추구하다 보니 그에 맞게 기술력이 좋아진 것이다.

 '생각이 기술력을 만든다'는 말이 있다. 이때의 생각은 현재의 제품에 어떤 불편함이 있는가를 찾는 것이다. 말하자면 소비자 관점에서 불편함을 찾고 그것을 해결하고자 하는 생각과 행동이 지금의 비전정보통신 기술력을 만들었다는 것이다.

 문 대표의 고향은 서울이다. 촌수도 헷갈리는 먼 친척이 살고 있다는 것 말고는 평택과 거리가 먼 사람이었다. 하지만 발붙일 곳 없는 평택에서 사업을 시작한 뒤 이방인이 되지 않기 위해 고민하고 노력했다. 이때 작용한 것이 몸에 밴 성실성이었다. 물론 성실하다고 다 성공하는 것은 아니다. 그래서 그는 스스로 '운이 따랐다'고 말하곤 한다. 하지만 그의 성실함은 남달랐다. 사람들의 아픔이 무엇인지 찾으려는 세심함을 가지고 있었기 때문이다. 평택의 구석구석을 살피며 필요한 아이디어를 얻기 위해 노력한 결과 관공서와의 계약으로 이어졌고, 철저한 사후관리는 신뢰를 만들었다. 그러면서 어디에 내놓아도 자랑스러운 제품들이 그의 손에서 하나씩 탄생했다.

안전 확보되고, 다양한 옷 입은 도시여야

학창 시절 전기를 전공한 문 대표는 전기공사는 물론 경관조명, 특수조명 등 조명 분야와 정보통신공사 분야의 베테랑 전문가이자, 계속 새로운 분야를 개척하고 실행하는 실천가로 거듭났다.

그는 "우리 제품의 궁극적 목표는 안전"이라고 말한다. 때문에 비전정보통신의 제품들은 나와 너, 그리고 우리를 지키는 '또 하나의 눈'이 되어 여성과 아이들을 비롯한 평택 시민의 안심 귀가의 도구가 되길 바라고 있다.

또 하나 그가 바라는 게 있다. 안전을 확보한 평택의 다음 모습은 '다양한 옷을 입는 것', 도시 안에 무작정 나무를 잔뜩 심는다고 환경도시가 되는 게 아니듯 대기업을 들어왔다고 산업도시나 경제도시로 성장하는 것은 아니다. 도시의 성장이 진정으로 이루어지기 위해서는 시민들의 삶이 좀 더 다양해져야 한다. 다른 도시와 달리 평택에서만 가능한 색다른 경험을 하도록 다양한 옷을 갈아입는 평택이 되기를 바란다. 성공한 CEO이자 발명가인 그가 평택에서의 행복한 노후를 위해 또 어떤 발걸음을 내디딜지 궁금해지는 대목이다.

PPO(평택프리미엄아웃렛) | **김의태 대표**

'함께 잘살자'는 '상생경영'이 성공 비결

사람이 많이 모이는 곳이면 상가가 들어서게 마련이다. 오며 가며 쇼윈도 상품에 이끌려 찾아들기 때문이다. 이를 일러 '목 좋은 곳'이라고 말한다. 이런 장소에는 작은 상점이 모여 군락을 이룬다. 그러면 사람이 더 모이게 되고, 여기에 음식점, 영화관, 서점 등 각종 편의시설이 들어선다. 말 그대로 쇼핑몰이 형성되는 것이다.

대개 미국, 캐나다, 호주, 뉴질랜드 등 땅 넓은 나라에서는 교외에 쇼핑몰이 있다. 또 영국처럼 땅값이 비싼 곳도 땅값이 싼 교외에 쇼핑몰이 들어서곤 한다. 땅이 좁은 동아시아 나라에는 대부분 쇼핑몰이 도심에 위치해 있고 대중교통과 연계된다. 우리나라의 경우 주상복합에 들어서기도 한다. 평택에서 가장 큰 아웃렛 쇼핑몰 PPO(평택프리미엄아웃렛)가 그렇다. 2022년 6월 삼성전자 반도체 단지가 들어선 평택시 경기대로 변에 주상복합건물 저층부인 지하 3층부터 지상 3층에 자리 잡고 오픈했다.

시민의 결핍 해결할 복합문화공간

평택은 삼성이나 엘지와 같은 대기업을 비롯해 크고 작은 중견기업과 중소기업이 곳곳에 산재해 있는 지역이다. 그런 만큼 해마다 외지인과 외국인이 유입된다. 평택 인구가 급격하게 증가하는 이유다. 특히 PPO가 있는 고덕은 신도시 개발로 인해 외지인이 가장 많이 모여들고 있는 지역이기도 하다.

사람이 모이면 토착 주민만 있을 때보다 문화적 욕구가 높아진다. 평택에서도 고덕이 유독 그렇다. 볼거리, 먹을거리, 즐길 거리를 찾는 시민이 넘쳐난다. 고덕에서 조금 떨어진 역사驛舍에는 기존 백화점이 있고, 평택 시내 한복판에는 재래시장도 있지만 '한곳에서 눈과 귀와 입의 갈망을 해결하려는 욕구'는 감당하지 못했다. 복합문화 공간인 대형 아웃렛 쇼핑몰 PPO는 최소한의 움직임으로 최대의 욕구를 해결하려는 사람들의 결핍을 해결하기 위해 탄생했다.

문화공간으로의 쉼터가 변모 시작

지금은 평택 시민이라면 누구나 '한 번은 반드시 가야 하는 곳'으로 그 위상이 높아졌다. 그럴만한 게 평택은 과거 베드타운으로서의 기능에 치우쳐 있었다. 이곳에 PPO가 대형복합쇼핑몰의 형태로 설계돼 CGV, 셀픽스, 실내스포츠, 마트, 사우나, 카페, 식당가, 편의점 등 다양한 종류의 여가시설 및 편의시설이 입점했다. 한곳에서 쇼핑, 외식, 데이트, 문화생활, 스포츠까지 완벽하게 해결할 수 있게 만들어진 것이다. 그러니 가족이나 친구, 연인이 추억 만들기에 이보다 더 좋은 장소가 있겠는가.

PPO 김의태 대표는 충남 아산이 고향으로 마흔 초반의 젊은 CEO이다. 대학을 졸업한 후 2006년에 이곳에 입사했다. 그가 평택에 자리를 잡게 된 것은 아내 때문이다. 아내의 고향이 평택이었던 것. 그는 아내와 대학 때부터 만나 사귀다가 입사 1년 후 결혼했다. 자연스럽게 처가가 있는 평택에 터를 잡았다.

그는 입사하자마자 젊은 감각으로 그동안 타 도시에 빼앗겼던 평택 시민의 발걸음을 하나 둘, 돌려세울 방안을 연구했다. 단순한 쇼핑몰이 아닌 '문화공간으로서의 쉼터'를 만드는 게 답이었다. 이런 생각을 기본으로 고객의 욕구를 파악하기 시작했다. 그러면서 하나씩 변화의 필요성을 건의하고 실현해나갔다. 급기야 2001년 패션 아웃렛으로 시작했던 회사는 현재의 PPO가 되었다. 지금은 패션 및 F&B, 극장을 운영하고 있지만, 향후 브랜드 사업 확장과 쇼핑몰 증축 등 개발 사업을 진행할 예정이다.

직원인 내부고객 잘살아야 한다

대학을 갓 졸업한 사회 초년생인 그가 10년도 되지 않은 시간에 성공한 CEO로 인정받기는 쉽지 않은 일이다. 아무리 젊은 감각으로 PPO를 변화시켰다고 해도 성공이 보장되는 것은 아니기 때문이다. 그는 남들과 다른 무엇인가를 품고 있다. 그가 가진 경영철학, 결코 가볍지 않는 그의 경영철학이 성공을 뒷받침했다.

그것은 '상생'이었다. '나만이 아니라 주변 사람들 모두가 잘살아야 한다'는 모토로 어떤 경우에도 함께 살아갈 수 있는 방법을 모색했다. 우선 직원인 내부고객이 잘살아야 했다. 그들을 인격적으로 대우해 주고, 필요한 게 무엇인지 살폈다. 그리고 그 부족함을 해결하려 최선을 다했다.

이런 태도는 그대로 외부고객에게도 실현되었다. 그들이 무엇을 원하는지, 변화의 흐름은 어떠한지 살펴 PPO에 적용했다. 또 내부고객과 외부고객의 만족을 위해 서로의 입장을 충분히 배려하도록 유도했다. 뿐만 아니라 PPO와 관련돼 인연을 맺은 사람이라면 고객으로 섬겼다. 그 사이에서 발생한 스트레스와 고민, 그리고 숙제는 처가를 비롯한 가족들이 물심양면으로 도와줬다. 이에 힘입어 고집과 유연성을 적절히 활용했다.

그는 '행복하게 살자'는 인생철학을 갖고 있다. 어떤 경우라도 내가 행복하지 않으면 가족도, 고객도 행복하게 해줄 수 없기 때문이다. 스스로 '나는 행복한 사람'이라고 늘 의식적으로 되뇐다. 그러면 마음속 깊은 곳에서 행복이 올라와 온 몸을 감싸주는 것 같아 어떤 어려운 일도 해결 할 수 있는 힘이 되곤 한다.

'내가 상대가 되는' 관찰 습관 생겨

그는 PPO를 방문한 사람이 그 순간만큼은 행복하기를 바란다. 동선의 편리성까지도 꼼꼼히 챙겨 즐겁고 행복한 마음이 들 수 있도록 노력하는 건 이 때문이다. 고객의 행복을 위해 습관적으로 하는 행동도 있다. 변화의 흐름을 제대로 파악하는 일이다. 다른 사업과 달리 쇼핑몰은 트렌드 변화에 민감하다. 평택처럼 여러 지역에서 모인 사람이 많은 경우는 더욱 그렇다. 그러다 보니 떨어지는 나뭇잎 한 조각도 그냥 넘기지 않는다. 자세히 들여다보고 그 마음을 읽으려 한다. 혹여 남들이 쓸데없는 짓이라고 해도 그는 매사를 심안으로 보려 한다.

〈Think Different 시인의 눈〉 최고위 과정을 들으면서 새로운 관찰 습관이 생겼다. "어느 날 보니 상대방의 입장을 고려하는 차원을 넘어 내가 그 사람이 되어 보는 관점 바꾸기로 상대의 마음을 읽으려고 하고 있더라"면서 "이 방법이 PPO가 성장하는 데 큰 관찰의 도구이자 생각의 도구가 될 것"이라고 덧붙였다.

그의 미래는 어떨까. 그는 "특별한 것은 없다"면서 "그저 주어진 환경에서 사업을 조금이라도 번창시키기 위해 노력할 뿐"이라고 답한다. 그러면서 속내를 드러낸다. "몸뚱이만 키우는 사업이 아니라 평택에 꼭 필요한 공간으로 내실을 다지고 싶다"고 말한다. 돈을 버는 일도 중요하지만 지역사회의 랜드마크가 되고 싶다는 말일 터이다. PPO가 최초의 회사이자 마지막 회사가 되기를 바라는 그가 이룰 미래 모습. 평택을 위해서도 힘있는 박수를 보낸다.

노무법인 평안 | **박종오 대표**

섬김의 태도로 사람을 대하라

"평택이요? 일면식도 없는 낯선 도시였지요. 하지만 전 지금 완전한 평택사람이에요"

　노무법인 평안의 박종오 대표. 그가 평택에 자리 잡은 것은 먹고 살기 위해서였다. 평택시 소재의 알만한 대기업에 다니는 것도 아니었고, 잘나가는 정치인과 친분이 있는 것도 아니었다. 그렇다고 이곳에 물려받은 땅이 있는 것은 더더욱 아니었다. 그저 어쩌다 보니 찾아온 외롭고 낯선 땅이었다. 막막한 마음으로 평택에 첫발을 디뎠을 때 쳐다본 하늘을 그는 잊지 못한다. "잿빛 같았어요. 하늘이 그런 게 아니라 제 마음이 그랬을 겁니다." 하지만 평택은 그를 온전히 받아들여 주었다. 그래서 그에게 평택은 어머니 같은 곳이다. 그는 어머니 품 같은 이곳에서 한 집안의 가장이 되었고, 아버지가 되었다. 그리고 온전한 평택 사람이 되었다.

'신뢰'는 나를 키운 삶의 어머니

　그의 고향은 전남 보성, 법대를 졸업하고 오랜 기간 고시공부에 매달렸다. 하지만 운명은 그에게 고시 합격을 내주지 않았다. 나이 39세가 되어서야 막막한 마음으로 선택한 노무사 시험에 합격하고 수습 노무사가 됐다. 다른 직장 같았으면 이미 중견의 나이였다. 당연히 그의 사회생활은 험난했다. 가장 나이 어린 사람처럼, 가장 아랫사람처럼 일해야 했다.

힘들었다. 하지만 묵묵히 일을 수행하며 만나는 사람마다 성심을 다하자 그들은 그에게 신뢰를 주기 시작했다. 신뢰는 그를 키운 힘이었다. 힘든 시기를 이겨내자 뜻이 맞는 몇몇 지인과 법인까지 설립하게 되었다. '노무법인 평안'이다. 그리고 그는 마침내 평안의 대표가 됐다.

그는 "노사를 중개하고 상생을 도모하는 이 일을 하고 나면 말할 수 없는 보람이 찾아왔다"고 말한다. 물론 실패 경험으로 남아있는 고시에 대한 미련이 없는 것은 아니다. 하지만 노무 일의 매력에 빠져들면서 노무사라는 직업 외에 더 이상 한눈 팔지 않는다. 노무사가 천직이 된 것이다.

노무사는 노사 모두를 대변하는 중개자

"노무사 일이 책상에만 앉아있어서는 안 되는 일이에요. 일을 해결하기 위해서는 의뢰인을 만나야 하는 것은 물론이고 현장을 알아야 해요."

생각해보니 그렇다. 현장을 모르는 노무사가 과연 노사 관계를 해결할 수 있을까. 이 때문에 그는 '현장성'을 노무 사업에서 가장 중요한 개념으로 여긴다. 말하자면 사업 철학인 셈이다. 여기에 현장성을 부추기는 그의 성격이 한몫한다. 그는 스스로 '사람이 너무 좋다'고 말한다. 사람을 좋아하는 그는 시간만 나면 의뢰인을 만나고, 자신이 좋아하는 사람들의 일을 해결하기 위해 뛴다. 사업 철학으로서의 '현장성', 그리고 사람을 좋아해서 나오는 남다른 '활동성', 이 두 가지 특징이 그의 능력과 만나 시너지를 가져오자 그는 평택 최고의 '갈등 조정 전문가'로 떠올랐다.

일을 처리할 때 염두에 두는 가장 중요한 핵심 요소 중 하나가 역시 사람이다. "인사노무에 관한 일은 사람의 관계 속에서 풀어야 한다"는 게 그의 지론이다. 그가 의뢰인인 근로자뿐만 아니라 사측의 입장도 고려하는 시각을 잃지 않으려 노력하는 이유가 여기에 있다. 그러다 보니 간혹 근로자를 배제하고 사업주에 붙어 일을 한다는 오해를 받기도 한다. 하지만 자신의 소신을 굽히지 않는다. '노사문제는 서로 간의 책임과 권한에 의해 비롯되고, 노무사는 둘 사이의 매개자 역할을 수행해야 한다'고 믿기 때문이다.

성공비결, 진심 다한 섬김과 신뢰

그래서일까. 자신의 성공비결을 묻는 질문에 '사람'이라고 답한다. 사람을 좋아하는 그는 누구든 사람을 만나면 신뢰를 얻을 수 있게 진심을 다해 섬김의 태도로 말하고 행동한다. 그러다 필요에 의한 관계가 아닌 마음을 나누는 관계가 될 때쯤, 상대는 자연스럽게 내 사람이 된다. 내가 그에게 그러하듯, 내가 하는 일을 응원하고 도와주는 관계가 되는 것이다. 이런 삶의 철학을 가진 그이기에 매사에 조급해하지 않는다. 지금 당장 힘든 일을 겪는 다고 일희일비하지 도 않는다. 길게 보고 묵묵히 자신의 일을 할 뿐이다. 평택이 그를 품은 까닭이자 남들에게 온전한 평택사람으로 인식되는 이유라고 할 수 있다.

그는 요즘 끊임없이 자신을 단련하고 있다. 오랫동안 해온 일이다. 이런 근성이 그를 평택사람으로 만드는 데 보탬이 됐다. 그에게 '자신이 평택이라면 어떤 아픔이 있을까'를 물었다. "돈을 벌기 위한 사람들로 북적이는 현실이 외롭고 아픕니다. 도시화, 산업화라는 이름을 붙여 놓고 앞만 쳐다보니 정작 평택은 쉴 곳이 없어요."

미래의 꿈 얻으려 '머무는 평택'돼야

그가 바라는 평택은 그래서 '힘겨운 삶을 내려놓고 잠시라도 숨을 고를 수 있는 그런 곳'이다. '성장'이라는 명분만을 내세운 숨 막히는 도시가 아닌, 변화와 발전 속에서도 사람들이 크게 숨 쉬고 싶은 곳, 미래의 꿈을 얻기 위해 머물 수 있는 도시가 되어야 한다는 것이다. 그래야 세상에서 가장 아름다운 '삶의 도시 평택'이 된다고 믿고 있다. 이런 평택의 미래를 위해 자신이 먼저 하고 싶은 일을 행하기로 했단다. "복싱도 배우고 기타도 배우기로 했습니다. 무엇보다 시를 공부하기로 한 게 제일 큰 변화일 겁니다"
 변화는 하루아침에 나타나는 게 아니다. 박종오 대표 같은 생각을 가진 사람들의 마음이 하나씩 둘씩 모여 나뭇잎에 새순이 돋듯 이루어질 것이다. 그는 물론 머지않아 평택에도 변화의 새순이 돋아나기를 기대한다.

(주)대일관광여행사 | **지영미 대표**
여행의 목적은 자신의 변화에 있다

사람을 젊게 만드는 게 두 가지가 있다고 한다. 하나는 사랑이고, 다른 하나는 여행이다. 그래서 '사람이 젊어지기 위한 가장 좋은 방법은 사랑하는 사람과 여행하는 것'이라고 말하곤 한다.

사랑과 여행의 공통점이 뭘까. 변화가 아닐까. 사랑을 하면 사람이 변한다. 사랑하는 사람과 생각을 맞추기 위해 자신이 변하는 경우가 많다. 여행도 마찬가지다. 여행은 공간을 바꿈으로써 생각을 변하게 하는 행위다. 이런 변화가 사람을 젊게 만드는 요인이 된다는 것이다.

성 아우구스티누스가 "세계는 한 권의 책이다. 여행하지 않는 사람은 단지 그 책의 한 페이지만을 읽을 뿐이다"라고 말한 이유도 여기에 있다. 한 공간에만 있는 것은 생각의 고정화를 만든다. 하지만 여러 곳으로 공간을 이동하면 그곳에 있는 환경과 상황을 보고 배우며 생각이 변하게 된다. 자신이 변하게 되는 첫발이다.

여행으로 자신을 묶던 속박 벗어나

'나이가 들면 꼰대가 된다'는 말이 있는데 이 역시 생각의 고착화에서 비롯된 것이라 할 수 있다. 꼰대가 되지 않으려면 환경을 바꾸고 다른 상황을 경험하며 자신의 변화시켜야 된다.

㈜대일관광여행사를 운영하고 있는 지영미 대표. 그는 "과거 우리의 관광은 목적이 있었다"면서 "그 목적은 주로 여흥과 위안이었다"고 지적한다. 지금은 관광을 하면서 과거의 목적만을 추구하지는 않는다. 이미 시대가 지났다.

요즘은 여행을 즐긴다. 그는 "여행은 자신만의 무엇을 찾기 위한 작업"이라고 설명한다. "여행을 통해 자신을 변화시키고 삶의 활력을 얻는 사람이 많다"는 것이다. 그러면서 "앞으로는 여행이 더욱 더 새로운 경험을 제공하고 안목을 넓히는 수단이 될 것"이라고 강조한다.

여행업 입문, 새 삶 살게 한 한줄 희망

지영미 대표 역시 여행 덕분에 자신을 묶고 있던 속박에서 벗어날 수 있었던 사람이다. "사람들이 여행으로 변화하는 모습을 보면서 더욱 신나게 일하고 자신 또한 삶의 활력을 얻었다"고 말한다.

그가 여행업에 투신했을 때는 30여 년 전. "여행업에 처음 발을 들인 건 우연이었다"면서 "불운한 가정사로 인해 힘겨운 시기를 보내던 중 지인의 소개로 여행사 직원으로 입사한 것이 시작이었다"고 말한다.

불운한 가정사가 무엇이었을까. 그는 결혼생활 초기 남편 사업이 잘 될 때만 해도 평범한 전업주부였다. 슬하에 2명의 자녀를

육아하는데 전념했다. 하지만, 남편 사업이 어느 날 갑자기 위기를 겪게 되었는데 좀처럼 재기의 발판을 마련하지 못했다. 남편은 방황했고, 급기야 도박에 빠져 가족을 내팽개쳤다.

그의 삶에 큰 변화가 찾아왔다. 생업 전선으로 떠밀려 가장의 역할을 맡아야 했다. 그렇게 근근이 삶을 꾸려나가던 중 이번에는 뜻하지 않게 더 큰 일이 벌어졌다. 자식을 잃는 시련이 찾아온 것이다. 연이어 찾아온 불행에 그는 버틸 힘마저 바닥났다. 가정사를 정리하고 새 출발을 결심했다. "그렇게 남은 자식 하나 데리고 집을 나왔다"고 말한다. 모든 것이 막막하던 시기 기도원에서 생각을 정리하던 중 지인의 소개로 여행사를 소개받았다. 말하자면 그에게는 "당시 여행업은 단순한 직업을 넘어 새로운 삶을 살게 해 준 희망이었던 셈"이었다. 굴곡진 가정사는 그를 단단하게 만들었다. 일을 시작한 후로 자신을 돌아볼 겨를 없이 앞만 보고 내달렸다. 간신히 잡은 기회를 놓치고 싶지 않다는 생각에 간절함을 담아 할 수 있는 일은 무엇이든 도전했다.

경리-10년 만에 창업-20년 지속성장

결과는 대단했다. 직장에서 인정받아, 입사 1년 만에 과장으로 승진했다. 이후 10여 년간 직장생활을 하면서 체득한 노하우를 기반삼아 큰일을 도모했다. 여행사를 개업한 것이다. 2002년이었다. 그 여행사가 지금의 ㈜대일고속관광여행사다.

그는 이제 당시를 생각하면서 웃는다. "사실 오래 버텨야한다고 생각은 했지만, 이처럼 오랫동안 몸담게 될 줄은 몰랐다"면서 "오늘날의 안정적인 삶이 꿈만 같다"고 미소를 짓는다.

여행사 경리로 일을 시작해 10년 만에 여행사 대표가 됐고, 이후 20여 년 동안 고집스럽게 지역대표여행사로서 자리를 굳건히 지킨 지영미 대표. 그의 '여행은 변화다'는 은유적 경영 철학은 ㈜대일관광여행사를 오늘날까지 지속성장하는 기업으로 만들었다.

여행 관련 복합문화공간 필요하다

그는 더 많은 사람에게 여행의 기회와 정보를 폭넓게 제공하고 싶단다. 그러기 위해서 '복합문화공간을 꾸미고 싶다'는 포부를 밝히기도 했다. "국내는 물론 해외의 갖가지 여행정보를 얻고 여행을 주제로 교류할 수 있는 복합문화공간이 평택에 있었으면 좋겠다"는 생각에서다. 이는 다른 지역에서도 선례를 찾기 쉽지는 않다. 하지만, "여행을 업으로 삼아온 사람으로서 사회적 목적 실현이나 지역사회 공헌이라는 의미도 있다"고 말한다. 여행으로 더 많은 사람이 행복해질 수 있다면 충분히 가능성 있기 때문이다. 그에게는 이제 여행이 단순한 영리를 추구하는 사업을 넘어 공동체적 가치를 추구하는 매개체로 나아가고 있는 것이다. 그러면서 '여행의 진정한 가치를 얘기하는 듯한 시가 있다'며 헤르만 헤세의 〈생의 계단〉 일부를 읊조린다.

우리는 공간을 하나씩 지나가야 한다.

어느 장소에서도 고향에서와 같은 집착을 가져서는 안 된다.

우주의 정신은 우리를 붙잡아 두거나 구속하지 않고

우리를 한 단계씩 높이며 넓히려 한다.

여행을 떠날 각오가 되어 있는 자만이

자기를 묶고 있는 속박에서 벗어나리라

그러면 임종의 순간에도 여전히 새로운 공간을 향해

즐겁게 출발하리라

서평택 골프클럽 | **이원헌 대표**

도전정신과 열정이 혜안을 줬다

겨울을 떠나보낼 준비도 하지 못했는데 봄이 왔다. 자연의 질서라고는 하지만 봄이 되면 사람들은 기분이 들뜬다. 만물이 생동하는 것처럼 사람의 마음도 설레서 밖을 향한다. 평소 나들이를 즐기지 않았던 사람조차도 이맘때면 신발끈 동여맬 준비를 하곤 한다. 봄을 안아보고 싶어서, 생명의 숨소리를 듣고 싶어서…. 그러면 봄은 가슴을 활짝 열어 사람을 맞이한다. 골프장도 그렇다. 서서히 봄의 옷을 갈아입고 골퍼들이 달려와 안기기를 기다린다.

태권도 전공 체육박사 출신 엘리트

서평택 골프클럽은 평택을 대표하는 지역 명소이자, 대한민국 최초의 Par3 18홀 골프클럽이다. 특히 서해대교가 한눈에 보이는 탁 트인 풍광에 주변의 산과 숲의 아름다움을 코스로 조성하고 관리해 숏게임 골프장 부문 최우수 골프장으로 선정되기도 했다.

이곳의 이원헌 대표는 체육학 박사 출신의 체육인이다. 대학에서는 태권도를 전공했지만 골프, 축구 등 못하는 운동이 없는, 말 그대로 운동 박사다. 그는 경제적으로 어려움 없이 자랐다. 그러나 부잣집 도련님 생활에 안주하지 않고 거친 인생 한가운데로 스스로 돌진했다. 그로 인해 많은 일을 경험했다.

그 경험이 지금의 이 대표를 만드는 원동력이 되었다. 특히 그에게는 앞을 내다보는 남다른 혜안이 있었다. 골프장 사업이 그렇다. 평소 운동으로 즐기던 골프가 사업의 주체가 될 것이라고는 생각지도, 계획하지도 않았다. 특별한 계기가 있는 것도 아니다. 그저 자연스레 기회가 찾아왔다. 이때 발휘된 것이 혜안이었다. 기존 숏게임 골프장은 모두 9홀이다. 차별화를 위해 18홀로 만들어 최고의 골프클럽을 만들면 되겠다 싶었다. 이 대표는 생각과 함께 100% 이상의 열정을 쏟아 부었다. 도전정신과 열정, 남다른 혜안은 그를 곧 성공의 반열에 서게 했다.

마음이 흔들릴 때 더 강한 열정 쏟아

그는 "누구에게나 기회는 찾아온다"고 말한다. 다만 "어떤 사람은 그때 30%의 열정을 쏟고, 어떤 사람은 50%의 열정을 쏟으며 실패를 대비하지만 나는 100%를 몽땅 건다"고 설명한다. 그는 늘 "두려움은 최선을 다하지 않았을 때 나를 흔들어댄다"고 생각한다. 그래서 자신이 실패의 두려움에 흔들리는 느낌이 들면 그것이 무엇이든 의식적으로 100%의 열정을 쏟아 붓는다. 모든 것을 걸지 않으면 아무것도 할 수 없다는 것을 깨달았기 때문이다. 이렇게 형성된 강인한 열정은 그에게 실패보다 성공을 더 많이 실현시켜 주었고, 그를 자타공인 영향력 있는 지역 사업가로 만들었다.

그는 골프클럽 외에도 4개나 되는 식당을 운영하고 있다. 재미있는 것은 4개의 식당이 전부 다른 종목이라는 점이다. 쉽지 않은 도전이고 성공이다. 이 역시 실패의 두려움을 뛰어넘은 도전적 열정의 발로다.

175m 장거리 게임 가능한 18홀

그가 운영하는 여러 사업 중 평택골프클럽은 가장 비중이 큰 핵심 종목이다. 스스로도 골프클럽으로 인해 많은 여유를 갖게 되었다고 할 정도로 성공한 사업이다. 특히 '기존 골프장과는 차별화된 골프장을 만들고 싶다'는 혜안에서 비롯된 경영철학은 18홀 숏게임 골프장을 탄생시켰다. 18홀의 경우 전장 길이가 175m로 여성 골퍼들이 드라이버를 칠 수 있게 설계해 골프 재미를 더했다. 그 결과 클래식 게임을 즐기는 고객은 물론, 숏게임 연습을 필요로 하고 선호하는 고객이 꾸준히 방문한다.

또한 크고 작은 각종 대회도 많이 유치했다. 성인으로 구성된 원클럽대회를 비롯한 철인골프대회와 같은 이벤트성 대회들을 개최했다. 이뿐 아니다. 이미정 프로, 이승연 프로 등 유명 선수들도 이곳 클럽에서 구슬땀을 흘리며 연습해 골프장이 유명세를 타는데 한몫 했다.

골프클럽도 사업이다 보니 상업성과 수익성이 중요할 수밖에 없다. 그러나 그가 무엇보다 소중하게 여기는 것이 '사람'이다. 그래서 대인관계에 있어서도 가식 없는 자세로 최선을 다한다. 특히 경제적 어려움을 겪고 있는 외국인 노동자나 힘들게 일하는 지역 주민을 보면 따뜻한 말 한마디라도 건네야 직성이 풀린다. 그는 "자신을 키워 준 지역이니 이제는 그 빚을 갚고 싶다"는 생각이 간절하다. 주유를 할 때조차 반드시 지역 주유소를 찾고, 조금 비싸거나 손해를 보더라도 지역민이 운영하는 업체를 우선으로 찾는다. 그래서일까. 이 대표의 주변에는 늘 사람이 많다. 다양한 인간관계를 통해 신뢰를 쌓았고, 한번 맺은 인연은 쉽게 끊어내지 않았다. 사람이 가장 귀한 자산이고 지속 성장의 비결임을 알기 때문이다.

나를 키운 평택, 이제 보답할 차례

그의 얘기를 듣다 보면 과연, 그만큼 평택을 사랑하고 자랑스러워하는 사람이 또 있을까 싶다. 평택은 그에게 고향 그 이상의 가치이다. 그에게 평택이 되어 평택의 속마음을 표현해 보라고 했다. 조금도 망설임 없이 '건강하고 싶다'는 바람을 비친다. 복지사업을 한다고 많은 예산을 쏟아 붓고 각종 프로그램들을 마련하지만 진정한 복지는 '건강'에 있다는 것이다. 그러기 위해서는 "평택시민 모두가 건강을 위한 지원을 받을 수 있어야 한다"고 말한다. 건강을 잃으면 아무리 좋은 복지혜택도 무용지물이기 때문이다. 어려운 일이 아니다. 선진국처럼 국민 건강을 위한 '생활체육'

을 활성화시켜 어른, 아이 할 것 없이 부담 없는 스포츠를 즐기도록 해야 한다. 특히 귀족 스포츠라는 인식으로 쉽게 접근하지 못하는 골프와 같은 스포츠를 보편화하기 위해 '스포츠 바우처', '건강 바우처' 등을 제공해야 한다.

이를 실현하기 위해서는 정부는 물론 지자체의 적극적인 지원이 필요하다. 그러나 정부에서 정책을 시행한다고 해도 사업주들이 동참하지 않으면 실현되기 어렵다. 때문에 정부와 국민, 지자체와 시민 모두 '함께 하는 삶'에 대한 의식의 변화가 절실히 필요하다.

신도시건축사무소 | **오병석 대표**

건축물은 경제 활동 담는 그릇

도시를 변하게 하는 일 중 가장 눈에 띄는 것이 무엇일까. 건축물이다. 미국 오하이오주 아주 외진 시골에는 롱거버거라는 바구니 회사의 본사가 있다. 이 회사 건물은 바구니처럼 생겼다. 건물이라고 하면 기둥이 있고, 창문이 있고, 콘크리트 외벽이 있는 게 일반적이다. 그러나 이 건물은 대나무 바구니 그 자체다. 바구니 위에는 손잡이까지 달려 있다.

처음에는 시골구석에 사옥을, 그것도 일반건물도 아닌 바구니 모양의 사옥을 짓겠다는 말에 엄청난 반발이 있었다. 그러나 이 사옥이 완성된 후 이 지역에는 관광 붐이 일었다. 이 건물을 보기 위해 관광객이 몰려들어 지역은 유명해졌고, 이 회사는 저절로 홍보 효과를 누리게 되었다. 손으로 바구니를 만들어 통신 판매하는 이 회사의 연 매출액이 10억 달러를 훅 넘기게 된 것이다. 한 지역 변화를 가장 먼저 느끼게 해주는 게 바로 건물이라는 얘기다.

평택 건축은 어떤 모습일까

이 건물은 창업주가 고집해서 만들었다고 알려져 있다. 창업주는 왜 이런 건물을 고집했을까. 건물이 완성되면 주목을 끌게 될 것이고. 그 주목이 경제 활동으로 이어질 것이라는 생각 때문 아니었을까. 실제 이 건물이 들어서면서 지역 경제가 살아났으니 말이다.

평택도 그러할 것이다. 20년 전 인구 30만 명이 조금 넘었던 때의 건물은 그저 시골 마을 같았다. 하지만 신도시가 들어서자 평택 건물이 달라지기 시작했다. 인구 50만 명을 넘어선 지금은 대한민국 어느 도시 못지않게 고층 건물과 아름다운 건물이 들어서 있다.

평택에서 20년간 건축사무소를 운영하고 있는 오병석 건축사는 평택시의 외형적 변화 과정을 누구보다 잘 파악하고 있는 사람이다. 그는 "많은 사람이 생각하듯 신도시에 비해 낙후된 구도시를 활성화하기 위한 대책마련이 시급하다"고 말한다. 벌써부터 신도시를 중심으로 상권이 재편되고 있고, 구도시의 공동화 현상이 가속화되고 있는 탓이다. 해결책이 필요하지만 지금껏 뾰족한 해법이 보이지 않고 있다.

건축물, 경제적 활성화를 우선해야

그는 이 문제를 건축의 개념에서 찾고 싶어한다. "건축이라는 행위는 예술도 공학도 아닌 경제 활동을 담은 그릇"이라고 생각하기에 그렇다. 경제 활동이 기본이 되어야 공학도 예술도 가능한 것 아니냐는 게 그 이유다. 따라서 "평택 구도시의 건축물은 신도시의 그것과는 다른 구도시로서의 매력을 담은 건축물이 있어야 한다"고 믿는다. 그게 신도시와 구별되면서도 구도시만의 독창적 경제 활동을 이끌어내는 길이기 때문이다.

그러니 그가 "건축은 종합예술에 가깝다"면서도 "경제적인 고민이 해결되면, 기능적인 부분을 최우선에 두고 건축을 진행해야 하고, 기능이 어느 정도 충족되면, 마지막으로 예술적인 요소를 가미할 수 있다"고 주장하는 이유이기도 하다. 다시 말해 "다양한 니즈를 충족한 후에야 비로소 건축이라는 결과물이 만들어지는데, 예술성만으로 평가하면 안 된다"는 의미다.

그가 건축설계를 설명할 때 '의뢰인을 이해하고 그들의 요구조건을 수용하고 반영해야 하는 동시에 그 건물을 이용하는 수요자의 니즈도 고려해야 하는 것'이라고 말하는 이유도 '건축이 경제 활동의 그릇'이라는 맥락이 존재한다.

주변 경관을 건물 내부로 끌여들여

그의 사무실 이름은 '아뜰에'다. '신도시'라는 의미다. 새로운 도시로 발돋움하는 평택시 변화에 걸맞게 건축설계를 해보겠다는 포부를 담은 것이다. 이때의 신도시가 시민의 경제 활동을 가장 우선적으로 도울 수 있는 건축물의 장소임은 물론이다.

그에게는 이와 관련해 유독 기억에 남는 프로젝트가 있다고 한다. 대형 카페 설계를 맡아 진행했는데 이 프로젝트는 당초 다른 사람이 설계를 하고 그는 감리를 맡아보기로 했었다. 그런데 건축 설계안이 건축주의 생각과 많이 달라서 합의점을 찾지 못하다가 중도에 그가 설계까지 떠맡게 된 것이었다. 다른 분야도 마찬가지겠지만 이미 다른 사람이 상당부분 진행한 일을 넘겨받아 일을 매듭 짓는 건 내키지 않았다.

하지만 그 일을 넘겨받고 건축주의 요구안을 충분히 담되, 주변 경관을 건물 내부로 끌어들이는 설계안을 구상했다. 그래야 카페 고객들이 경관과 마주 앉거나 옆에 두고 식사를 하거나 차를 마실 수 있을 것 같았다. 그것이 경제 활동과 이어지니 그에게는 매우 당연한 아이디어였다. 그런 의도를 비교적 잘 담아 시공까지 마쳤고, 성공적으로 카페의 문을 열 수 있었다.

무에서 유를 창조해내는 즐거움

카페가 문을 여는 날, 기념식에 참석해 이런저런 이야기를 나누던 중 일반시민으로 보이는 사람이 다가와 '이렇게 좋은 건축물을 설계해 줘서 감사하다'며 인사를 했다고 한다. 갑작스러웠지만 그 말은 큰 보람으로 다가왔다. 그는 지금도 이 카페의 설계가 경제 활동을 우선으로 고려하고 기능과 예술성을 가미한 자신의 건축 개념에 충실한 결과라고 생각한다.

재미있는 사실은 건축에 이처럼 열정이 대단한 그이지만 원래 그의 전공은 제어계측이었다. 중학교 때부터 건축이라는 영역에 매력을 느꼈지만 진학을 다른 분야로 했고 다른 삶을 살고 있었다. 그렇다가 사촌 형님이 운영하는 건축사 사무소를 우연히 방문하게 되었는데, 그때 사촌 형님이 건축설계를 해보라고 제안을 해 건축사 사무소에서 일을 배우게 되었다. 선 긋는 것부터 시작해 지금은 '최고'라는 말을 듣고 있는 그는 "건축설계는 무언가 무에서 유를 창조해낸다는 점이 좋았다"며 "상상에 머물던 것이 결과물로 나타났을 때의 쾌감은 이루 말할 수 없었다"고 활짝 웃었다. 그러면서 "아마도 그 매력 때문에 지금껏 건축설계 일을 하고 있는 게 아닌가 싶다"고 말했다.

그의 꿈은 좀 더 많은 사람에게 경제적 이로움을 제공해 주는 쓸모 있는 공간을 설계하는 것이다. 조만간 평택과 그 외 많은 지역에서 그의 철학이 담긴 건축물을 볼 수 있을 것이다.

평택시부시장 | **최원용**

행정은 시민의 아픔 해결하는 게 기본

1996년 지방고시 1회 출신 최원용 평택시부시장. 그는 경기도청에서 경기도 주거대책본부 평택개발지원단장과 정책기획관 기획조정실장 등 주요 요직을 오랫동안 두루 거친 행정전문가다.

평택시부시장 된 건 큰 행운

그러기에 평택시부시장으로서의 일은 "광역 규모의 다양한 정책이 기초자치단체에서 어떻게 실현되는지 세밀히 들어다 볼 기회를 얻은 것이고, 이는 큰 행운"이라고 말한다. 그가 부임 초기부터 '시민들이 기대하는 평택시는 어떤 모습인지, 어떤 부분을 가장 가려워하고 있는지'를 살피며 그 해답을 지속적으로 고민하고 있는 것도 행운이 준 기회를 잘 활용하기 위해서다. 그런 그가 "시민이 체감할 수 있는 행정은 시민의 실생활과 밀접한 것, 아주 기본적인 것에서부터 출발해야 한다"고 생각하는 것은 당연한 이치다. 그러니 쓰레기가 널부러진 가로변을 어떻게 개선할지, 불법주정차 문제와 일부 도심권의 주차난의 해법은 무엇인지. 시민의 눈높이에서 문제점을 파악하고 시민의 기대에 부응하는 해결책을 제시하려고 노력한다.

그 사례 하나가 많은 사람이 찾는 소사벌 카페거리. 이곳은 쓰레기로 지저분한 거리가 골칫거리였다. 그는 지역 주민의 고민을 듣고 집중수거제로 운영되던 쓰레기 배출방식을 문전수거제로 바꿨다. 시에서는 더 많은 예산을 투입해야 하는 문제가 있지만, 쾌적한 거리조성으로 얻는 게 더 많다는 판단에 따라 적극 추진할 수 있었다. 주민들도 매우 좋아했다.

이를 통해 그는 "기초자치단체 규모에서는 거대담론보다 현장의 목소리에 귀를 기울여 당면한 문제를 해결하고, 궁극에는 시민들의 삶을 조금 더 낫게 개선시키는 것이 중요하다는 점을 다시 한 번 느꼈다"고 말한다.

쓰레기와 주차문제 반드시 해결할 것

고질적인 주차난과 불법주차문제도 그 나름의 해법을 가지고 있다. "주차문제는 시민들의 삶에 큰 영향을 미치는 부분"이라면서 "관련 문제를 접하고 나서 도시계획위원회, 건축위원회, 경관위원회 등과 주차문제를 중점적으로 논의했다"고 한다. 그의 논리는 '최소한 거주 규모에 맞는 주차면수 확보는 필요하다'는 것. 하지만 처음에 볼멘소리도 많이 들었다. "그렇지만, 껄끄럽다고 외면해버리면 두고두고 지역문제가 될 것이 뻔하기에 두고 볼 수만은 없었다"는 게 그의 말이다.

물론 지금까지 완전한 해법이 나온 것은 아니지만 자신이 재임하는 동안만큼이라도 쓰레기 문제와 주차 문제는 반드시 해결해야 한다고 여기고 있다. 쓰레기와 주차문제가 작다면 작은 사소한 부분이지만, 시민의 삶에 직결되는 부분이기 때문이다. "이런 기초적인 것에서 기준과 질서를 잡아가야 더 큰 변화도 도모할 수 있다"는 그의 말에 고개가 끄덕여진다.

3개 시군이 통합되어 탄생한 평택시는 지역갈등과 지역 균형 발전 문제가 여전하고, 그 해결점을 아직 찾지 못하고 있다. 각 권역별 이해관계를 모두 충족시키는 균형 발전안을 도출하는 것이 쉽지 않은 탓이다.

행정을 하는 입장에서도 지역불균형은 큰 어려움으로 작용한다. 특히 평택은 면적이 넓고 인구는 상대적으로 적다보니 우선순위를 정하는 것도 쉽지 않다. 그는 "현재 각 권역별 현안과 지역주민들의 관심사를 살피면서 권역별 발전계획을 차등 수립해 특화시키는 방법도 고민해 보고 있다"면서 "속속 들어서는 신도시를 구심점으로 삼아 지역개발과 발전으로 인한 변화를 구도심으로 확산시켜나가는 것도 대안이 될 수 있다"고 말했다.

평택팔경 만들어 주민 휴식처 제공

이런 문제는 평택시의 질적 성장문제와도 관련이 깊다. 평택은 급격한 도시화가 진행되면서 삼성전자를 비롯한 유수의 기업이 자리를 잡은 곳이다. 당연히 인구 유입도 늘어났다. 인구가 50만 명을 넘어 특례시를 바라보는 대도시로 발돋움하고 있다. 이렇게 양적 발전이 지속적으로 이뤄지고는 있지만, 이에 비해 질적 성장은 부족한 게 사실이다. 시민의 평가 역시 다르지 않다. 가장 문제는 '무엇보다 시민이 여가시간을 즐길 수 있는 여건조성이 턱없이 부족하다'는 점이다. 그는 선택과 집중으로 대표적인 지역 관광지를 선제적으로 개발하여 시민들의 품으로 돌려줄 생각이다. 그는 "평택팔경을 만들 것"이라고 말한다. 즉 "시민들이 가장 좋아하고 관심 있어 하는 곳을 특색 있게 집중 개발해 지역주민들의 휴식처로 만들 예정"이라고 한다. 이와 함께 "일상에서 접할 수 있는 근린공원이나 도심권에서 접근 가능한 산책공간"도 마련하려고 한다. 특히 "주말 등 나들이에 적합한 큰 공원을 북부·남부·서부 권역별로 균형 있게 배치할 계획"을 가지고 있다.

도시 재생 위한 실용서 찾아 읽어

그러다 보니 평소 책을 즐겨 읽던 그에게 독서 양상이 좀 바뀌고 있다. "요즘은 지역주민의 삶을 개선하는데 도움이 될 만한 실용서에 손이 간다"고 웃는다. 그동안 그가 주로 읽던 책들은 이와는 달랐다. 경기도청에 근무할 때 만해도 불확실한 미래를 대비하고 싶은 생각이 커서 그에 맞는 주제의 책을 즐겨 찾았다. 하지만 최근에는 "어떤 도시를 만들어야 하느냐, 도시재생은 어떻게 하여야 하는가 하는 고민을 해결하기 위한 실마리를 제공해주는 책 위주로 독서를 이어가고 있다"고 전했다.

주어진 상황에서 최선의 대안을 모색하기 위해 끊임없이 노력하는 그의 생각과 몸짓. 이런 모습이야말로 평택 시민이 자랑스럽고 사랑해야 할 행정가의 태도가 아닐까.

블루에너지 | **최종보 이사**

난관 닥치면 책에서 해답 찾는다

탄소중립 시대다. 탄소중립은 사람이 살면서 배출하는 이산화탄소 양이 0이 되게 하자는 것이다. 지구온난화로 생긴 이상기후 현상을 막는 게 주요 목적이다. 이는 화석 연료 기반 사회에서 신재생에너지 기반의 사회로 전환을 의미한다.

신재생에너지는 전기에너지와 수소에너지를 일컫는다. 이 중에서도 수소에너지는 궁극적인 친환경 에너지로 평가받는다. 수소를 연료로 하는 수소연료전지는 수소와 산소가 화학반응을 일으켜 전기를 생산한다. 이때 환경오염 물질은 전혀 배출되지 않고 오직 순수한 물만 부산물로 배출한다. 이런 점에서 수소는 청정 에너지원으로 주목받고 있다.

2040년엔 수소차 290만 대

우리나라는 2022년 3월 기준으로 수소차가 총 2만778대 있다. 정부는 2030년까지 86만 대, 2040년까지는 290만대까지 끌어 올릴 계획이다. 수소차에 필요한 수소충전기는 2022년 3월 기준, 172기이다. 정부는 이를 2030년에는 660개소, 2040년에는 1천200 개소로 늘릴 계획이다. 한 개소에 3개 이상의 충전기를 설치한다고 했을 때 2040년에는 최소 3천600기 이상이 들어선다는 얘기다.

평택에도 수소충전소가 있다. 최종보 이사가 운영하는 블루에너지가 그곳이다. 이사 명함이지만 실질적인 대표다. 그는 3년 전에 평택 장안동에 수소충전소를 설치했다. 아직 우리에게 수소충전소는 낯설다. 현재 수소차는 1종(넥쏘)에 불과하고, 충전소도 적은 탓이다. 수소차와 충전소가 적다는 것은 아직 사업성이 부족하다는 얘기다.

폐쇄적 조직문화 이해 안 돼

그럼에도 그가 수소충전소 사업을 운영하는 까닭은 뭘까. "국책 사업이기에 수요가 꾸준히 늘 것으로 예상했기 때문"이다. 실제 정부 발표가 그러했다. 그래서 기대도 컸다. 하지만 기대는 기대로 끝나야 했다. 3년이 지나면서 차량과 충전소가 일부 늘어났지만 관련 산업은 전혀 상황이 나아질 기미를 보이지 않았다. 그는 "신생사업이다 보니 관련 법규나 제도의 미비도 있고, 안정적인 공급도, 단가조정도 어려운 부분이 있다"고 전했다. 그러면서 "수소에너지의 공급 말단에 위치한 유통업자로서는 수익보다는 손실이 큰 실정"이라고 말했다. 그렇다고 한순간 수요가 급격하게 늘어나는 것도 아니어서 규모의 경제를 실현하기는 쉽지 않아 그야말로 막막한 상황이다.

사업가의 관점에서 수익이 발생하지 않는 사업은 지속하기 쉽지 않다. 수익은커녕 손실이 날로 커지고 있다면 사업을 접어야 하는 게 맞다. 그는 "그렇다고 관련 사업을 접을 수는 없다"고 단언했다. "수소 산업 발전이 순조롭지 않지만, 수요는 실존하고 있다"는 게 이유다. "블루에너지가 거점 수소충전소 역할을 하고 있는데, 하루아침에 충전소 문을 닫아 버리면, 믿고 찾아준 고객들이 망막해질 수밖에 없다"는 게 그의 설명이다. 그래서 "사회적 소명까지는 아니라도, 신의를 저버리는 것은 옳지 않다고 생각해서 충전소를 계속할 생각"이라고 했다.

그는 상당 시간 영국에서 살았다. 초등학교 졸업 무렵에 영국으로 유학을 떠났다가 거기서 대학까지 마쳤다. 이후 병역 의무를 이행하기 위해 귀국했다. 하지만 병역을 마친 후, 영국으로 돌아가지 않았다. 그는 영국 교육의 장점을 익힌 사람이었다. 우리나라처럼 입시 위주의 외우기 교육이 아니라 창의성 교육 말이다.

대학에서 기계공학을 전공한 그가 한국으로 돌아와 잡은 첫 직업은 엉뚱하게도 채권시장 트레이딩이었다. 오래 가지는 못했다. 1년을 채우고 그만뒀다. 전공은 다르지만 이 일은 역동적이고 진취적인 그의 성격과 잘 맞았다. 고객과의 관계 구축도 어려움 없이 이뤄졌다. 문제는 폐쇄적인 조직문화였다. 고객의 요청으로 리스크가 크지만 높은 수익이 예상되는 채권을 매입할 기회가 있었다. 회사에서 반대가 심했다. 고객이 원하는데 납득할만한 이유도 없고, 설득도 없이 회사는 안 된다고만 했다. 답답한 노릇이었다. 그는 "이때 매너리즘에 빠진 것 같다"고 말했다. "권위적인 문화도 문제였지만, 덮어놓고 억압하는 게 견디기 힘들었다"고 했다. 한국 교육을 받은 한국 젊은이였다면 그러려니 하고 넘어갈 수도 있었을 문제다. 우리 직장문화에는 이런 사례가 많기 때문이다. 그는 영국에서 열린 사고를 지향하는 교육을 받은 사람이었다. 용납이 안 됐다. 그렇게 염증을 느끼고 있을 때쯤 아버지가 수소충전소 일을 제안했다. 수소충전소는 이렇게 시작됐다.

'수소충전소-세차장-풋살장-에이전시'

하지만 3년이 지난 지금 수소 시장의 미성숙으로 충전소 운영이 매우 힘들어졌다. 접어야 마땅한데 고객과의 신의 때문에 그럴 수도 없다면 다른 방책을 강구하는 것뿐이었다. 우선 수소충전소를 찾아주는 고객의 니즈를 고민해 봤다. 고객 모두 차량을 소유했다는 점에서 세차장을 함께 운영하면 좋겠다 싶었다. 그렇게 사업성을 검토한 끝에 수소충전소 옆에 세차장을 열었다.

얼마만큼 지났을 때 세차장 이용 고객 중 남성의 비중이 높은 것을 관찰했다. 이들이 세차도 하고, 한데 모여 즐거운 게임도 할 수 있으면 좋겠다 싶었다. 그래서 나온 게 풋살구장이었다. '수소충전소-세차장-풋살장'의 다소 엉뚱해 보이는 동거가 시작된 셈이다.

수소충전소에서 시작해 파생산업으로 업의 영역을 확대한 그의 발상은 의외의 나비효과를 가져왔다. 영국 유학시절의 경험 덕분이었다. 그의 풋살구장 운영은 자연스레 지역의 축구교실과 연이 닿게 됐다.

그는 영국 유학 중에 정말 다양한 스포츠를 접했다. 개인적으로도 운동을 좋아하기도 했지만, 영국 교육이 그렇게 만들었다. 럭비, 축구, 테니스 등 거의 의무적으로 운동을 가르쳤기 때문이다. 스포츠는 매우 친숙한 분야가 됐다. 당시에 함께 축구를 했던 친구들이 관련업계에서 일하는 경우가 있다는 사실이 떠올렸다. 그러자 "축구교실에서 실력을 키운 아이들이 유럽으로 전지훈련을 가거나, 유소년팀에 입단테스트를 받는다면 도움을 줄 수 있겠다"는 생각을 했다. 에이전시 역할까지 겸할 수 있는 상황이 된 것이다.

새로운 발상과 도전으로 환경 극복

그는 주어진 환경에서 도망치는 대신 새로운 발상과 도전을 거듭해 새로운 길을 찾았다. 그러다 결국 스스로 잘할 수 있는 일과 연결된 것이다. 그는 "퍼즐이 맞춰지는 것 같다"는 생각을 했다. 그러면서 "의도하지 않았지만 결국 내가 필요한 자리를 찾게 됐구나하는 느낌을 받았다"고 부언했다.

그는 "자신에게 일어난 지금의 일이 기적 같다"고 말한다. 그러나 기적은 저절로 다가오지 않는다. '수소충전소-세차장-풋살장-에이전시'에는 유사점이라는 연결고리가 있다. 보통은 이런 연결고리를 쉽게 찾지 못한다. 하지만 그는 이런 발상을 했다. 서로의 연결고리를 알고 새로운 발상을 한 것은 아니지만 그런 사고가 몸에 배지 않았으면 불가능한 일이다.

그는 평소 머리가 복잡하거나 안 풀리는 일이 있으면 "책에서 해답을 찾는다"고 했다. 고민의 해결에 직접적인 실마리를 제공하는 정답을 찾은 기억은 없지만, 고민과 관련된 서적을 읽다보면 왠지 모르게 마음이 편안해지고, 냉정하게 상황을 판단할 수 있었다. 그렇게 "정답이 아닌 해답을 찾은 기억이 많았다"고도 했다. 그에게 책은 고민을 해결하는데 훌륭한 도구이자 수단이었다. 현실에서 봉착한 난관 앞에서 포기하거나 좌절하는 대신 "독서의 바다에서 해결의 실마리를 찾는다"는 그의 문제 해결 비법은 많은 사람에게 귀감이 되기에 충분했다.

한국해양안전협회 | **임근조 교육원장**

안전교육, 남 도울 조력자 양성이 목적

소설 『안나 카레리나』는 '행복한 가정은 다 비슷하지만 불행한 가정은 저마다 이유가 다르다'라는 유명한 첫 문장으로 시작된다. 가정이 행복하려면 여러 조건을 동시에 갖추어야 한다. 하지만 이 조건 중 어느 하나라도 어긋남이 심해지면 행복은 떠난다. 불행한 가정이 될 수 있다. 예컨대 부부 사이가 소원하거나, 한쪽이 외도를 하거나, 경제적 궁핍으로 힘들거나, 병에 걸렸다면 이 어긋남으로 인해 그 가정은 행복에서 멀어지기 십상이다. 이렇게 본다면 우리가 불행해지는 것은 한순간이다. '안전'도 마찬가지다. 국민소득이 증가되면서부터 경제적, 시간적 여유가 많아진 사람들은 산이나 바닷가, 해안을 중심으로 저마다의 행복을 찾아 추억을 쌓는다. 이중 가장 많이 사고가 발생하는 곳이 해양이다. 행복하려면 해양 안전이 중요한 까닭이다. 예측할 수 없는 어긋남에서 시작되는 불행을 막고, 사람들의 행복을 충족시켜야 한다는 사명을 가진 사람들의 단체, 사단법인 한국해양안전협회이다.

SSU 출신의 해양구조 선구자

한국해양안전협회는 국민의 생명과 재산을 지키며 행복한 삶의 가치를 영위할 수 있도록 전문가들을 양성하고, 해양·연안사고 예방 교육 프로그램을 개발함과 동시에 연안사고 예방에 관한 법률 제정 등 해양 안전을 책임지고 있는 민간기관이다.

특히 해양 전문가로 구성된 중앙교육원은 브레인들의 집합체다. 여기서는 안전의식 고취 함양을 위한 민간 연안순찰단, 구난·구조 지원단, 자원봉사자 등을 운영하여 안전한 세상을 만들어 가는데 앞장선다. 임근조 원장은 중앙교육원을 책임지고 있는 수장으로 재난사고 예방을 위한 최전선에서 해양안전문화 발전을 위해 앞장서고 해양 구조 및 해양 안전 교육을 담당하는 전문가이다.

전북 정읍이 고향인 임근조 원장은 30여 년 동안 해양경찰로 근무하다 전역한 바다 사나이다. 대한민국 해난구조대 SSU 출신인 임 원장은 미국 SSU 과정을 마친 재원이자 해난구조의 선구자이기도 하다.

해경 전역 후 맞이한 인생의 전환기

그가 해양경찰 일을 시작할 무렵 주로 해양경비만을 담당하던 해경에 해양경찰 구조대가 만들어졌다고 한다. 이로 인해 그에게 주어진 임무는 막중했다. 실제 함정의 구조요원으로 근무하면서 해양안전에 대한 느낌은 더욱 절실해졌다. 그러다 보니 공무원이라는 직업보다 구조요원으로서 타인의 생명을 구하고 불행을 예방하는 일에 종사한다는 자부심과 소신이 생겼다. 이 자부심과 소신은 그를 지키는 생명줄과 같은 단어였다.

공부도 게을리 하지 않았다. 부산, 인천, 평택 등 굵직한 지역에서 해양경찰로 근무하면서 해난구조에 대한 이론과 실제를 정립했다. 나아가 이 지식을 후배들에게 알려주면 좋을 것이라는 생각에서 교육도 관심을 갖게 되었다.

공부가 교육으로 전환될 때 쯤이었다. 그는 정년을 5년 앞두고 갑자기 전역했다. 예측할 수 없는 뜻밖의 사고들을 경험하면서 삶의 가치가 큰 고민으로 떠올랐던 것이다. 사실 가족을 잃은 유가족의 슬픔이나 안타까운 주검들을 마주할 때면 인간의 무기력함이 한없이 초라하다는 것을 느꼈던 때가 많았다. 그럴 때마다 진심을 담아 그들의 마음을 돌아보았다. 자신의 잘못이 아닌 것을 알면서도 알 수 없는 죄책감과 분노, 상실감이 점점 더 크게 몰려들었고, 결국 그는 '전역'을 선택했다. 힘이 닿는다면 그들을 돕고 싶다는 생각을 하면서.

자신은 물론 남을 돕는 조력자 양성

전역 후 한동안은 아내와 함께 시간을 보냈다. 전역을 하게 만들었던 절망감, 낭패감으로 다시는 바다 근처에도 가지 않겠다고 결심하기도 했지만 이런 감정이 조금씩 사라지면서 일상의 편안함이 마음속에 터를 잡고 앉을 때였다. 평소 친분이 있던 한국해양안전협회 회장님의 권유로 한국해양안전협회 일을 시작하게 되었다. 협회에서의 일이 퇴직하기 전 특히 관심을 가졌던 해난 구조 이론과 실제를 후배들에게 교육시키는 일과 연관돼 있어 그는 제안을 받아들이게 된다.

그가 하는 일은 평택지역 학생들에게 물놀이 사고 안전 교육, CPR 교육 등 생명 관련 강의를 하는 것이다. 또 협회에서 주관하는 각종 교육의 교안 및 전문가 양성도 그의 일이다. 여기에는 해양경찰 시절 쌓은 기술력과 지식이 많은 보탬이 되고 있다.

평택은 인생의 마지막 정착지

그는 이런 교육이 오히려 자신을 치유하고 있다고 느낀다. 과거 현직에서는 주검이나 유가족의 슬픔 때문에 정신적 고통을 겪었다면 지금은 그런 고통을 차단하기 위해 미리 학생들을 가르치고 있으니 자연스레 상처가 많이 치유될 수 있었던 것이다.

그러다 보니 그의 안전교육은 스스로 자신의 몸을 지키는 차원을 넘어 남을 도울 수 있는 조력자를 양성하는 데 집중돼 있다. 그만큼 지식 전달에 그치는 교육과는 확연한 차이가 있다. 해양경찰 때의 그것과는 또 다른 보람이 그의 가슴에 몰려들곤 했다. 그래서 "학생들과 만나고 교육생을 양성하는 지금의 일이 늘 심장을 늘 두근거리게 한다"고 말한다.

그는 이 두근거림을 지금의 일에 한정 두고 싶지 않아 봉사를 준비하고 있다. 그가 염두에 두고 있는 것은 '외국어로서의 한국

어교육'이다. 그는 2007년 말레이시아 대사관에서 경찰 영사로 근무했을 만큼 영어를 잘한다. 그의 학창시절 전공이 영어이기 때문이다. 그런 그가 미국에 유학 갔을 때 말하는 데는 큰 불편이 없어도 아무도 없는 외지에서의 생활은 막막했다. 그 때 이방인인 자신을 도와주던 이웃들의 고마움을 잊지 못하고 있다. 그래서 생각한 것이 한국 생활에 서툰 외국인들에게 힘이 되고 싶다는 것. 요즘 '외국어로서의 한국어교육학'을 공부하고 있는 이유이기도 하다. 기회가 닿으면 코이카와 같은 봉사단체에서 자신의 재능을 나누고 싶어 찰나의 시간도 허투루 보내지 않고 스스로를 채찍질하고 있다. 그는 요즘 시나브로 평택을 인생의 마지막 정착지로 삼고 있다.

  그런 그가 바라는 평택의 미래는 어떨까. 급격한 도시화로 고통받는 평택의 마음을 내비친다. 인간의 눈에는 더 없는 발전이지만 본래의 모습을 잃어가는 평택은 갈갈이 훼손당한 처참한 몰골에 신음한다고.

대진시스템 | **서지원 연구소장**

'딴짓'이 새로움을 만드는 원천이다

"업무에 몰두할 때보다 '딴짓'을 할 때 더 신선한 아이디어가 샘솟는 것 같아요." 소프트웨어 개발과 산업자동화 등에 관한 연구에 주력하고 있는 대진시스템 서지원 연구소장. 그는 책상에 앉아서 해결책을 고심할 때보다 일상의 평범함 속에서 '딴짓'에 열중할 때 신선한 아이디어를 얻은 경험이 많다고 말한다.

왜 그럴까. "자신의 세계에 갇혀 있지 않고, 새로운 자극을 추구하다 보면 종전보다 더 나은 성과에 조금 더 쉽게 이를 수 있어서"다. 아이디어가 생명인 그는 보통 틈날 때마다 포스트잇에 메모를 하거나 메모가 여의치 않을 때는 휴대폰을 꺼내 번뜩이는 아이디어가 휘발되기 전에 녹음 버튼을 서둘러 누르곤 한다. 하지만 문제를 해결해야 하는데 잘 풀리지 않으면 업무에서 벗어나 잠시 쉰다. 업무 부담에서 오는 스트레스를 해소하고 새로운 생각이 떠올리기 위해서다.

업무에서 벗어날 때 아이디어 나와

그는 학부 때부터 대학원까지 줄곧 전자공학을 전공했다. "지금껏 한 우물만 판 셈이에요. 학부와 대학원, 그리고 연구소 생활을 거쳐 첫 직장도 소프트웨어를 개발하는 곳이었고, 현재도 연구소에서 연구개발에만 몰두하고 있으니까요."

그야말로 무에서 유를 창조하는 과정의 연속이다 보니 스트레스가 심할 수밖에 없어 보인다. 성과를 내야 한다는 압박, 얘기치 못한 문제에 부딪혔을 때 마주하게 될 상심과 충격, 보통사람들은 감당하기 힘들지 않을까.

"처음에는 압박감이 있었는데 지금은 계속 해오던 일이라서 부담감이나 스트레스가 크지는 않아요. 문제가 언제 어디서 생길지 모를뿐더러, 문제가 생기더라도 그때 가서 수습하면 된다는 생각을 하게 된 것이지요."

이제 연구개발 분야의 베테랑 반열에 오른 그는 그런 일쯤은 대수롭지 않게 생각한다. 이런 이유로 그가 연구개발을 계속하는 것은 아니다. "연구에 몰두하다 뜻했던 결과에 가까워지게 되면 그때 느끼는 성취감은 이루 말할 수가 없어요. 이 성취감이 이 일을 계속하게 하는 게 아닌가 싶어요."

친구 질문에 답하기 위해 공부했다

그와 인터뷰하면서 주목한 점은 그 성취에 이르는 방법이다. 그는 학창시절 내내 상위권 성적이었다. 하지만 좋은 성적을 받기 위해 죽어라 공부하지도 않았다. 밤을 새워 공부하는 여느 학생처럼 성적 때문에 전혀 애쓰지 않았다는 얘기다. 그러면 뭔가. 상위권 성적을 내면서도 좋은 성적을 받기 위해 노력하지 않았다면 타고난 영특함이 있다는 말인가. 자신이 천재임을 은근히 자랑하는 것인가.

그의 이야기를 조금 더 듣고 나서야 맥락을 이해할 수 있었다. 성적을 가름하는 것은 시험이다. 통상 시험을 준비하는 마음가짐은 좋은 성적을 얻는 것이기 마련인데, 그는 조금 달랐다. "(대학 시절까지도) 시험 때면 친구들이 이것저것 물어보려고 저를 많이 찾았어요. 그렇게 저를 찾는 친구들에게 막힘없이 설명해주려고 공부를 했지, 좋은 성적을 바라고 공부를 했던 것은 아니었어요"

조금은 싱겁지만, 이내 납득이 된다. 자신만 좋은 성적을 얻기 위해 하기 싫은 공부를 억지로 해내는 것이 아니라, 친구들에게 도움이 되고자 하는 진심어린 행동과 노력이 남다른 결과를 만들었다는 것이다. 결과는 같되 과정은 분명 다르다.

밖에서 핵심을 향하는 개발방식

성장 과정에서의 이런 마음가짐은 성인이 되어 일을 하면서도 크게 달라지지 않았다. 자연스럽게 '성과보다는 이로움'이라는 가치에 집중했다. 보통 프로그램을 개발할 때 목적한 기능과 효과의 달성에 목표를 두기 마련이지만 그의 접근법은 달랐다.

"목적한 기능은 당연히 달성해야 되지요. 문제는 왜 그 기능을 필요로 하느냐를 고민해 보아야 하는데, 그렇게까지 깊이 생각하는 개발자가 많지는 않다는 게 현실이에요."

그는 목적을 달성하기 위한 다양한 수단들을 강구한다. 특히 솔루션을 역으로 설계하는 것이다. "핵심에서 확산되는 방식의 접근이 아니라 외연에서 핵심을 향하는 방식으로 개발에 나서는 거지요. 물론 이러한 방식으로 일을 추진하다 보면, 결과를 쉬이 예측하기 힘들 뿐 아니라 체계적인 접근이 어렵다는 단점이 있지만 결과물은 언제나 만족할만했다고 한다.

결국 앞에서 그가 말한 업무 이외의 '딴짓'은 그의 개발방식처럼 기존과는 다른 관점에서 비롯된 아이디어 찾기의 과정이었던 것이다. 그의 '딴짓'이 실제로는 우리가 아는 '딴짓'보다 훨씬 심오한 의미를 담고 있는 까닭이다. 그에게 '딴짓'은 자신의 사고를 점검하는 기회이기도 하다. 자신의 사고가 정답이 아닐 수도 있다는 생각에서 비롯됐다. "제가 판단한 것이 항상 옳을 수는 없다고 봐요. 그렇지만 같은 실수는 반복하지 않겠다는 생각은 분명해요." 이 때문에 주변에서 새로운 이야기를 듣거나 새로운 정보를 접할 때 납득이 된다면 가급적 수용해 내재화하려고 한다.

'시를 비롯한 인문학과의 융합' 기대

서 소장은 최근 연구개발 분야에도 변화의 바람이 일고 있다고 말했다. "얼마 전까지만 해도 순수하게 100%의 성과물을 만드는 것에 주안을 뒀었는데, 최근에는 50%의 성과를 달성하더라도 타당한 명분과 가치가 해명된다면 용인되는 분위기"라고 말한다.

그 이유는 뭘까. "결국에는 사람이 중심에 있어야 한다는 거지요"라고 답한다. 그렇다. 소프트웨어를 만드는 것도 사람이고 그것을 활용하는 것도 사람이다. 사람을 뒷전으로 미뤄둔 채 성과만을 내세운다면 이내 외면받을 수밖에 없지 않겠는가. 이런 세태는 그가 다른 학문에 접근하는 계기를 마련해준다. 특히 사람을 중심으로 다루는 '인문학'에 한 걸음 더 다가가려고 노력하고 있다고 했다. "요즘에는 시에도 관심이 많다"면서 "시를 비롯한 인문학을 통한 '딴짓'이 사람들에게 더욱 이로운 결과로 이어질 것"이라고 힘주어 말한다. 그에게서 연구개발 분야에 인문학적 사고의 융합이 기대할 수 있지 않겠는가. 그를 만나고 나올 때 그의 연구가 기대된다는 듯 작은 바람이 박수를 치며 웃고 있었다.

동명자원 | **임승규** 이사

환경 보존, 자원 재생의 가치 재창출

다음은 직업에 대한 설명이다. 어떤 직업을 말하는 것일까. '환경과 자원의 고갈로부터 세상을 보호하는 일' '사람들이 버린 것을 모아 보물로 만드는 일'이 있다. 무엇일까. 폐자원처리업이다. 옛날로 치면 고물상이다. 버려지는 자원을 다시 활용하게 한다고 해서 '자원업'이라고 하기도 하고, 버려지는 폐기물을 재활용하게 함으로써 환경을 보호한다는 측면에서 '환경업'의 일종으로 보기도 한다.

고물상? NO. 연매출 수십억 원 기업

힘겹게 고물 수집 일하는 사람들의 고충을 위로하는 차원에서 '폐자원처리업' '자원업' '환경업' 등으로 새롭게 의미부여한 것일까. 천만의 말씀이다. 고물상이라고 다 같은 게 아니다. 천차만별이다. 폐기물을 수집하고 수작업으로 분류하는 곳이 고물상이다. 이보다 더 큰 고물상이 소상이다. 소상부터는 기업이다. 연매출 수십억 원에 이르는 곳이기 때문이다. 다음 단계는 중상이 있다. 여기서부터는 폐기물 분류는 물론이고 절단, 압축 등 정제 및 가공이 가능하다.

이보다 더 큰 곳이 대상이다. 대상은 포스코, 한국철강 등 여러 제강사에 철강을 납품할 수 있는 곳이다. 이런 업체를 철강구좌

업체라고 하는데 제강사 1차 벤더로 협력업체라고 할 수 있다. 중상과 대상이 되면 보통 연 매출액이 수백억 원에 이른다. 2019년 통계로 우리나라의 소상은 대략 6천여 개, 중상은 2천여 개, 대상은 200여 개 정도라고 나와 있다.

개인 고물상에서 매입해 분류작업

평택시에는 동명자원이라는 폐자원처리업체가 있다. 이곳의 임승규 이사. 그가 여기서 일한지 벌써 7년이 지났다. 그전에는 호주에서 지내고 있었다. 그런데 국내 경기가 많이 좋지 않아지자 동명자원 대표인 아버지가 직원들 급여를 걱정해야 하는 지경에 이르렀다. 그는 만사 제쳐놓고 급히 한국으로 돌아와서 아버지 일을 돕기 시작했다.

"이른 나이에 관련업을 시작하다보니 지금은 천직"이라고 생각한다. 인터뷰어가 그를 찾아갔을 때 그는 마당 한가득 야적된 고철더미를 뒤로 하고 반갑게 인사를 건네 왔다. 그는 "현장이 어수선하지만 굉장히 바쁘게 돌아가 숨 돌릴 틈 없이 하루를 보낸다"면서 "부지런히 몸을 움직이다 보면 어느새 하루가 지나갔네"하고 생각하기 일쑤라고 말한다.

사무실로 자리를 옮긴 그는 자신의 일에 대해 설명했다. "옛날로 치면 고물상"이라면서 "이 고철이나 비철을 개인 고물상으로부터 매입하거나 현장에서 직접 수집해 분류하는 작업을 한다"고

했다. 전형적인 소상의 일이다. 흔히 자석에 붙으면 고철, 그렇지 않으면 비철로 나눈다. 고철은 건설현장에서 쓰이는 철근이나 H빔 등의 철재를, 비철은 구리, 알루미늄, 스테인리스와 특수금속이 있다고 한다.

호주 여행하다 삶의 의미 깨달아

그는 "취급품목은 고철의 비중이 높다"고 말한다. 일반 생활고철인 잡고철(막고철)부터 공사현장, 공장 등에서 나오는 고철이 도심지에서도 상당히 많기 때문이다. 그의 말에 따르면 "가정에서는 냄비나 프라이팬이 많고, 건설현장에서는 쓰고 남은 짜투리 철근이나 H빔이 많이 나온다. 또 기존 건축물을 허물고 나오는 철근도 양이 상당하다"고 한다. 동명자원에서는 반입되는 물량을 구분해서 받지는 않지만, 통상 고철이 80%, 비철이 20% 정도라고 한다.

그는 나이가 아직은 젊은 편이지만 또래와는 다른 삶을 살았다. 조금 일찍 병역을 마치고, 5년여간 안 해본 일이 없을 만큼 다양한 분야를 경험했다. 그러면서 세상을 알아갔다.

그러다가 무작정 호주로 떠났다. 영어 한마디 제대로 할 수 없었고, 이렇다 할 준비조차 없이 무일푼으로 떠났다. 워킹홀리데이였다. 그러다 보니 공항에서 수하물을 분실하는 등 시작부터 순탄치 않았다. 그래도 그는 현지에서 돈을 벌어가며 이곳저곳 여행을 다녔다. 그는 당시 "정말 많은 것을 보고 깨달았다"고 한다. 그 깨달음은 '나와 다른 사람들이 수도 없이 많고, 다들 나름의 방식으로 삶을 살아가고 있다는 것, 그리고 그 모든 삶이 의미 있다'는 것이었다. 그래서 그는 "여행을 떠나기 전에는 그야말로 우물 안 개구리였다"고 말한다. "여행을 통해 당면한 문제를 혼자 힘으로 해결하면서 자신감도 생겼고, 다양한 사람을 만나면서 더불어 사는 삶에 대한 고민도 할 수 있었다"고 했다. 혼자 떠난 호주여행으로 삶을 바라보는 태도가 획기적으로 바뀐 것이다.

신사업으로 '건설폐기물 재활용'

그 덕분에 그는 아버지의 사업을 이어받아 일을 하고 있지만 '힘들다는 생각은 전혀 없다'고 단언한다. "건강한 몸을 움직여서 할 수 있는 일이고, 자신만 부지런하면 얻는 게 많다고 생각"하기 때문이다. 더불어 "최근에는 친환경, 자원의 재활용 등으로 사회적 인식이 높아지면서 폐자원처리를 바라보는 시선도 많이 바뀌었다"면서 웃었다. "젊은 사람들이 동종업에 뛰어드는 사례가 늘고 있다"는 것이다.

하지만 그는 나름의 미래 청사진도 품고 있다. "지금 하는 일이 안정권에 들고, 온전히 제 힘으로 도맡을 수 있게 되면, 신사업에 도전해볼 생각"이란다. '건설폐기물 재활용' 분야이다. 그래서 그는 "그 일을 제대로 해보려고 이것저것 찾아보면서 착실히 사업

준비를 하고 있다"고 말했다.

그의 말을 듣다 보면 분명 '폐자원처리업'보다는 '환경보존업' '자원재생업'이라고 업의 명칭을 바꾸는 게 맞는 듯하다. 왜냐하면 그가 하는 일이 그저 버려지는 자원을 처리하는 일에 머물지 않고, 환경을 보존하고 자원을 재생하는 가치 재창출 사업이기 때문이다.

실상 우리가 일상에서 쓰는 물품은 모두 지구상에 존재하는 자원을 가공해 만든 것이다. 하지만 자원이라는 것은 무한히 존재하는 것이 아니다. 자원의 고갈도 문제지만 자원을 한번 쓰고 버리는 식으로는 환경오염이 가속화 할 뿐이다.

이 위기감 속에 전 세계적으로 자원의 재활용 움직임이 일고 있다. 우리나라도 지난 1990년대부터 '아나바다(아껴 쓰고, 나눠 쓰고, 바꿔 쓰고, 다시 쓰자) 운동'으로 재활용에 관한 사회적 인식 재고에 나섰다. "탄소중립이 화두인 시대에 우리가 쓰는 물건이 많으면 많을수록 폐자원의 재활용은 그 가치를 더한다. 그만큼 가능성이 무한한 영역이라 할 수 있다.

그의 업장은 누군가 말했듯 '폐기물을 1g이라도 재활용할 수 있게 선별하는 도시광산'이자 '쓸모없는 것을 쓸모 있는 것으로 바꾸는 현대판 연금술사'이다. 그가 환경 보전과 자원 재활용을 위해 오늘도 동분서주하고 있는 모습을 보고 있으면 경이로움이 느껴진다.

선경기업마트 | **김현동 대표**

"기업인, 장애인 일자리 창출 도와주길"

사람들은 왜 봉사를 할까. 종교적인 이유로, 혹은 스펙을 위해, 그도 아니면 가끔은 이 땅에 함께 살아가는 국민으로 당연히 해야 하는 의무라 여기고 나서는 사람도 있다. 그러나 막상 주위를 둘러보면 남을 위해 봉사하는 사람 찾기가 그리 만만치는 않다. 그만큼 쉽지 않은 일이란 뜻이다. 봉사를 생활화하는 사람들에게 동기를 물어보면 대부분 '자신이 즐겁기 때문'이라고 답한다. 전문가들은 '이것이 봉사활동의 가장 중요한 동기여야 한다'고 말한다. 남을 위한 애타심愛他心, 남을 사랑하는 마음에서 시작해 즐거움과 기쁨으로 마무리하는 것. 이것이 '진정한 봉사'다. 봉사를 하면서 정말 온전한 즐거움만을 느낄 수 있을까. 때론 지치고 후회하는 날도 없지 않을 것이다. 그럼에도 불구하고 끊임없이 수고를 마다하지 않는 사람들, 그들이 있기에 세상은 살만하고 아름다워지는 것 아니겠는가.

조금 서툴러도 함께 살아가야

평택에도 그런 봉사의 대부가 있다. 서민살이의 식자재 백화점 '성경기업마트'의 수장인 김현동 대표가 주인공이다. 그는 지난 2005년 중앙동 주민자치위원으로 활동하면서부터 봉사를 시작했다. 특히 2011년부터 3년간 중앙동 바르게살기위원회 위원장 시절, 300여 명의 생활보호대상자를 비롯해 독거노인, 소년소녀가장 등을 위해 힘썼다. 한때는 위원회 자녀와 함께 고구마밭을 일궈 어려운 가정에 배달하며, 실천하는 봉사 교육에도 앞장섰다. 국제로타리 3750지구, 평택 로타리클럽 등 크고 작은 봉사단체에서도 활발히 활동했다. 지금도 봉사의 손길이 필요한 곳이라면 그곳이 어디든 가리지 않고 달려가 손을 보탠다.

그는 10여 년 전 송탄에서 성경마트를 시작했다. 그러다가 소사벌에 성경기업마트를 세운 것이다. 성경기업마트는 뜻 맞는 기독교 신앙인이 모여 어려운 사람을 돕고 장애인 일자리 창출을 목적으로 만든 기업이다. 장애인에게 막연한 도움보다 '자립할 수 있는 일자리를 마련해 줘야 한다'는 그의 지론을 실천하기 위해 만든 기업인 셈이다. 성경기업마트에는 장애인 직원이 8명이나 근무하고 있다. 몸이 불편한 장애인들은 유동 인구가 많고 품목이 다양한 대형마트에서 일을 하다 보면 예상치 못한 어려움에 부닥칠 때도 있다. 하지만 이들을 내보낼 생각은 손톱만큼도 없다. 조금 서툴러도 함께 살아가야 한다고 생각하기 때문이다.

장애 준 평택서 장애인 위해 일어나

장애인을 위한 그의 노력은 여기서 그치지 않는다. 평택시 장애인회관 운영본부장을 맡아 봉사를 한다. 이처럼 다른 봉사활동도 많이 하고 있지만 특히 장애인을 위한 봉사에 집중하고 있다.

왜일까. 자신이 장애인이기 때문이다. 그는 사고로 팔 하나를 잃어버렸다. 그의 원고향은 충남 공주다. 1986년에 직장이 있는 평택에 자리를 잡았다. 15년을 일하고 회사가 한 몸처럼 느껴질 즈음, 불의의 사고로 장애인이 됐다. 웬만한 사람들 같으면 불행을 겪은 평택이 싫어 등을 돌릴 법도 한데 그는 이곳에서 다시 일어서기로 결심했다. 그러나 막상 장애인이 되고 보니 불합리한 일이 많았다. 자신의 잘못도 아닌데 장애인이란 선입견으로 외면당하곤 했다. 그는 "장애는 잘못의 대가로 받는 천형이 아니다"라고 말한다. "누구나 불행한 사고로 생길 수 있는 일인데 마치 형벌처럼 외면당하고 있다"는 것이다. 그래서 자신이 앞장서 "그들에게 조금이라도 살아갈 힘을 보태주고 싶었다"고 한다. 이렇게 평택을 제2의 고향이라고 생각하고 자신과 비슷한 처지에 있는 사람들을 위해 눈과 귀가 되어 주고, 그들의 입이 되어 장애인 처우 개선에 앞장서고 있는 것이다.

직원이 주인, 나도 주인 중 하나

그러다 보니 그에게 봉사는 '베푸는 일이 아닌 함께 사는 일'이 되었다. 어차피 인간은 혼자서 살 수 없으니, 서로 기대며 살아가야 한다는 게 그의 철학이자 바람이다.

대형마트 하나 세우는 데 들어가는 비용은 대략 잡아도 2백억

원 정도라고 한다. 이런 비용을 들여 꾸준히 사업을 성공시킬 수 있었던 비결은 무엇일까. 그는 "사업은 대표가 잘해서 성공하는 게 아니다"면서 "대표는 사업체를 만드는 사람일 뿐, 회사를 운영하는 사람은 직원"이라고 말한다. 이어 "그렇기 때문에 직원 모두가 주인이며, 나도 그 주인 중 하나일 뿐"이라며 웃는다. 그렇다고 직원들에게 주인의식을 가지라는 부담을 줄 생각은 없다. '직원이 주인이다'고 생각할 수 있는 환경을 조성하고 그들 스스로 느끼게 한다. 아름답고 귀한 마음이다.

얼마 전 '평택시 장애인 기업 지원센터' 사업자등록을 했다. 여기서 "장애인을 고용해 장애인과 비장애인이 함께 일구는 일터를 만들 것"이라고 한다. 장애인은 스스로 삶을 책임질 수 있는 경제적 자립이 반드시 필요하기 때문에 기업과 장애인 단체가 긴밀한 관계를 맺고, 상호 협력하는 본보기를 만들 생각이다.

'시로 아픔 보듯, 장애인도 헤아리길'

그는 "〈Think Dirrerent 시인의 눈〉 최고위 과정에 참석해 시를 배우고 인문학적 지식을 얻어 기업 운영에 반영하려고 한다"면서 "시는 생명 없는 사물도 시인 자신과 똑같은 인간으로 만들어 놓고 그 아픔을 헤아리기에 배울 게 많다"고 말한다. 그러면서 "이렇게 아픔을 헤아리는 방법을 배우는 기업인들과 네트워크를 구축해 장애인들을 소개하고 싶다"는 말을 남긴다. "이들이 시를 배워 남의 아픔을 헤아리게 되면 장애인의 아픔 또한 깊이 헤아릴 수 있고, 함께 살아가기 위해 노력할 것"이라는 생각에서다.

그는 '잘사는 행복 도시, 복지 국가는 차별 없는 시선으로부터 시작된다는 것'을 온 몸으로 홍보하고 있는 평택의 귀한 인물이다.

詩씀으로 변하다

우리들의 창작시

대진침대 — 진현태 최원용 박종오 서지원

이불

열 받아서
매몰차게
걷어차 버린
애인

의자

네가 옆에만 와도
난 짜증나

넌 말야, 너무 무겁거든

행복 — 지영미 서지원 이원헌 김희정

의자

나, 나는 행복하다
그대에게 어떤 의미가 될 수 있어서

아, 나는 기쁘다
그대에게 편안함을 줄 수 있어서

나 그대에게 모두 드리리

엘리트 노가다 — 서영호 김문석 강범규 김기헌 최원용

이어폰

우리는 쌍둥이 SAKAO

누가 볼까봐, 부끄러워
항상 숨어지내지

언제 기절할지 모른 채
끊임없이 시키는 대로 속삭이지

소리팀 — 문병국 김두환 박종오 임승규

이어폰

난 항상 속삭인다
너만을 사랑하니까

넌 왜
나의 속삭임을 듣고
크게 소리치는지

부끄러워 볼이 빨개진다

5인방 — 김기헌 김두환 김문석 지영미 박종오

운동화

괴롭다

매일 매일 내 몸을 부려먹고 있다

아, 삭신이 쑤신다

온몸이 몸살이다

홀인원 — 박종근 이원헌 임근조 문병국 서지원

운동화

싫다 싫어

종일 싸돌아다니는 네가 싫다

냄새가 나서 미치도록 싫다

운동화

너무 싫었어, 함께
할 수 없는 날들

너무 싫었어, 빛 좋은 날
어둠 속에 갇힌 날들

이제는 내가 너에게 스며들게
산에서도 들에서도 해변에서도
내 꺼하자

너는 내 운명

블루대진 — 임근조 임승규 최종보 서지원

마트카트

사랑을 위해 담습니다

마음을 다해
음식을 담는

행복

마트카트

건강이 야금야금
죽어가는 줄도 모르고
먹고 싶은 마음에
마구잡이로 담는구나

답답한
인생이다.

영원한 친구 — 한승도 강범규 이찬희 김두환

자동차

기억할게 너의 환희를
기억할게 너의 아픔을
기억할게 너의 추억을
기억할게 너의 목소리를

모든 날 모든 순간 너의 시간을 간직할게

영원한 친구야

사랑의 짝대기 — 김문석 이원헌 지영미 곽정은

자동차

밤낮없이
돌진해 들이대는
무서운 너,

아내

우리는 — 진현태 이보영 강팔문 이윤하

휴대폰

너는 말할 수 있는
몸을 가졌구나
자전거처럼

4인조 ― 이보영 박종근 이찬희 임승규

골프공

싸움터에 보내놓고
찾아지길 두손 모은다

없어지면
다시 보내고
버리기도 하면서
또 보낸다

욕심을 버려야
멈춰지는 전쟁

나이스 샷 — 임근조 이원헌 김두환

골프공

달아나 버린 나를
자식 잃지 않겠다고
눈 부릅뜨고 찾아낸
간절함의 힘

살았다

프레지던트 — 이윤하 한승도 서영호 김기헌

골프공

날고 싶다
먹이감을 찾아 맑은 창공을
꿈과 희망 담은
독수리처럼

이불

사랑을 태우고 있다
온몸이
따스함에 이를 때까지

자전거

강팔문

꼬마가 탈 때는
날아갈 듯 했다

그대가 타는 순간
아, 뽀개질 것 같다

눌리고 눌리고 짓눌리는
나의 삶,
나의 뼈

자전거

김문석

바람을 가르며 달린다
두바퀴로 달린다

너와 함께라서 즐겁다
너와 함께라서 시원하다

내 이름은 자전거

자전거

김의태

함께가 좋다

혼자선 움직일 수 없어
외롭고 답답하다

함께라면 어디든 달릴 수 있다
누구라도 함께라면

자전거

문병국

아이쿠 엉덩이야
아이쿠 팔이야

넘어지지 싫다
무섭다

혼자 걷기 힘든데
누가 잡아줄 수 없을까

자전거

박종근

참 좋다
바퀴가 두 개라서

참 좋다
달릴 수 있어서

아하,
네발로 달리면 더 좋겠다

자전거

서지원

그립다
너를 위해 다리 떼던 순간

보고 싶다
언젠가 네 아이 위해
내 다리 어루만지는 네 모습

항상 너를 보며 기다린다

자전거

오병석

똑바로 사고 싶다

기울어져 쓰러지면
상처투성이가 될 것 같다

똑바로 서고 싶다

자전거

이보영

그대여,
당신이 너무 안쓰럽고 힘들어
슬픔이 뚝뚝

그대의 다리
내 가슴을 어루만지지 못해서…

자전거

이원헌

앗, 자가웃 언덕이 보인다
좆됐다

아득히 보이는 저 언덕
좆심 뚝심을 다해 힘들게 돌아가면
올라갈 수 있을까

아, 힘들다, 괴롭다
오늘 하루도
좆돼 버렸다

*오탁번 시인의 〈폭설〉을 패러디함.

자전거

이정훈

넘어진다
내팽개쳐진 내 몸
너무 아프다

넘어진다
함께 다쳐 피나는 네 몸
너무 아프다

자전거

임근조

궁금하다

오늘은 어디로 갈까

기대된다

자전거

임승규

너와 함께 달렸다
좋았다

어느 순간 목줄에 묶여
기다린다
서운하다

방치돼 사계절 지나자
녹슬었다
버려진다
사라진다

자전거

진현태

아, 신난다
시원한 바람 타고 씽씽
즐겁고 풍요로운 저 곳으로

손잡이 따라 간다
마음대로

자전거

한승도

너와 함께이고 싶다
편안하게, 불편하지 않게

부담없이
너와 함께 나아가고 싶다
서로를 헤아리며
서로를 보듬으며

너와 함께 이 봄을 보고 싶다
어색하지 않게 자연스럽게
우리 함께 하자꾸나,
자연스럽게

휴대폰

이보영

내가 제일로 싫어하는 멍청난 너!

빠르게 명쾌하게
기억을 되새기게 해줘서

싫다, 싫어!

아내가

휴대폰

진현태

내 몸에는
너와 함께 즐겼던 추억
새록새록
떠오르게 하는
숨결이
숨어 있다

골프공

이보영

창가에 누워 있네
이제나 저제나
나를 기다리며
눈길이 마주치기를

골프공

임승규

어떤 일이 있어도
헤쳐 나가며
나만의 길을 만들어가는
인생

평택의 리더들, 시를 품다

초판 1쇄 인쇄일_ 2023년 4월 28일

지은이	강주형, 황인원 편저
펴낸곳	넌참예뻐
펴낸이	황인원
편집디자인	노덕천

출판등록번호	310-96-20852
출판등록일자	2015년 7월 9일
주소	04165 서울 마포구 마포대로 15 현대빌딩 909호
전화	02-719-2946
팩스	02-719-2947
E-mail	moonk0306@naver.com
홈페이지	www.moonkyung.co.kr

* 책 가격은 뒤표지에 표시되어 있습니다.
* 이 책의 판권은 넌 참 예뻐에 있습니다.
* 이 책 저작권법에 따라 보호받는 저작물이므로 무단 복제와 전제를 금지하며,
　이 책 내용의 전부 또는 일부를 재사용하면 반드시 양측의 서면 동의를 받아야 합니다.

ISBN 979-11-978876-9-7

넌 참 예뻐 는 내면의 아름다움을 끌어올리는 마중물이 되겠습니다.